余英時文集——14

民主革命論

社會重建新觀

余英時——著

余英時文集編輯序言

聯經出版公司編輯部

余英時先生是當代最重要的中國史學者，也是對於華人世界思想與文化影響深遠的知識人。

余先生一生著作無數，研究範圍縱橫三千年中國思想與文化史，對中國史學研究有極為開創性的貢獻，作品每每別開生面，引發廣泛的迴響與討論。除了學術論著外，他更撰寫大量文章，針對當代政治、社會與文化議題發表意見。

一九七六年九月，聯經出版了余先生的《歷史與思想》，這是余先生在台灣出版的第一本著作，也開啟了余先生與聯經此後深厚的關係。往後四十多年間，從《歷史與思想》到他的最後一本學術專書《論天人之際》，余先生在聯經一共出版了十二部作品。

余先生過世之後，聯經開始著手規劃「余英時文集」出版事宜，將余先生過去在台灣尚未集結出版的文章，編成十六種書目，再加上原本的十二部作品，總計共二十八種，總字數超過四百五十萬字。這個數字展現了余先生旺盛的創作力，從中也可看見余先生一生思想發展的軌跡，以及他開闊的視野、精深的學問，與多面向的關懷。

文集中的書目分為四大類。第一類是余先生的**學術論著**，除了過去在聯經出版的十二部作品外，此次新增兩冊《中國歷史研究的反思》古代史篇與近代史篇，收錄了余先生尚未集結出版之單篇論文，包括不同時期發表之中英文文章，以及應邀為辛亥革命、戊戌變法、五四運動等重要歷史議題撰寫的反思或訪談。《我的治學經驗》則是余先生畢生讀書、治學的經驗談。

其次，則是余先生的**社會關懷**，包括他多年來撰寫的時事評論（《時論集》），以及他擔任自由亞洲電台評論員期間，對於華人世界政治局勢所做的評析（《政論集》）。其中，他針對當代中國的政治及其領導人多有鍼砭，對於香港與台灣的情勢以及民主政治的未來，也提出其觀察與見解。

余先生除了是位知識淵博的學者，同時也是位溫暖而慷慨的友人和長者。文集中也反映余先生**生活交遊**的一面。如《書信選》與《詩存》呈現余先生與師長、友朋的魚雁往返、詩文唱和，從中既展現了他的人格本色，也可看出其思想脈絡。《序文集》是他應各方請託而完成的作品，《雜文集》則蒐羅不少余先生為同輩學人撰寫的追憶文章，也記錄他與文化和出版界的交往。

文集的另一重點，是收錄了余先生二十多歲，居住於**香港期間**的著作，包括六冊專書，以及發表於報章雜誌上的各類文章（《香港時代文集》）。這七冊文集的寫作年代集中於一九五〇年代前半，見證了一位自由主義者的青年時代，也是余先生一生澎湃思想的起點。

本次文集的編輯過程，獲得許多專家學者的協助，其中，中央研究院王汎森院士與中央警察大學李顯裕教授，分別提供手中蒐集的大量相關資料，為文集的成形奠定重要基礎。

最後，本次文集的出版，要特別感謝余夫人陳淑平女士的支持，她並慨然捐出余先生所有在聯經出版著作的版稅，委由聯經成立「余英時人文著作出版獎助基金」，用於獎助出版人文領域之學術論著，代表了余英時、陳淑平夫婦期勉下一代學人的美意，也期待能夠延續余先生對於人文學術研究的偉大貢獻。

編輯說明

一、本書原於一九五四年在香港由自由出版社出版，後於一九七九年由九思出版社刊行台灣版。

二、附錄二〈開場白——革命問題討論（一）〉及附錄三〈談政治革命〉，為作者寫作本書之同時期作品，亦為對革命議題之探討，故增列於本書。

三、書中所引之西方專有名詞、人名，盡可能採取作者原本之譯名，不特意改為現今常見之譯名。

目次

代序

建立新的革命精神！

近百年來我們一直沉浮在革命的浪潮之中：革命洪流的泛濫沖毀了舊中國的堤岸，也淹沒了新中國的禾苗；革命曾給予我們以希望，也加予我們以苦難；革命曾摧垮了腐敗的舊統治者，卻又帶來了凶暴的新統治者。正如狄更斯在《雙城記》中開頭所說的：「這是最好的時代，這是最壞的時代；這是光明的時代，這是黑暗的時代；這是希望之春，這是失望之冬；這，走向天堂，這，步往地獄！」但是，對於我們，對於我們廣大的善良人民，我們所實際感受到的不是幸福而是災害，不是光明而是黑暗，不是天堂而是地獄！這樣，我從懷疑革命、憎惡革命，而開始了我對革命的研究。

根據我個人初步的認識，中國近百年來所發生的革命都不是真正意義上的革命；它祇是舊社會的解體，而不是新社會的重建。中國的革命一再陷入錯誤的泥淖之中自有其客觀的社會因素，這些因素也是本書所要探究的中心課題之一。但是，對於革命的任何客觀研究並不是否定革命與人的關係。反之，人的主觀努力常常是革命的決定性的因素。我們的革命自然也不能例外。革命最初是由少數人發端的；這些少數人是怎樣展開革命運動的呢？撇開其他一切不談，首先他必須具備一種與一切安於現狀的人們截然不同的新精神，這精神驅使他去開創一個新的時代。這就是我們通常所說的「革命精神」。每一時代有每一時代的精神，每一民族有每一民族的精神；因之，革命精神也隨著革命性質、時代和地域的不同而殊異。但在這許多不同之中卻存在著一個最相同之點，那就是革命精神的健全與否，絕無例外地規定著革命的成功或失敗。從這一角度看，中國革命的一連串的失敗也可以說是我們偏激的革命精神的必然結果。

往者已矣！我們且不必去重翻歷史的舊帳。我從反對「革命」到追求對革命的瞭解，而終於重新肯定了革命的更豐富、更嚴肅的意義之後，一個新的革命精神的影子一直縈迴在我的腦際。在我們這個混亂的時代、這個殘破的國家，我們究竟需要怎樣的革命精神呢？這是最迫切需要答覆的問題，也是最不容易答覆的問題。下面我試著提出我個人的答案。

我認為革命的第一重精神是以天下為己任的精神。范仲淹要我們「先天下之憂而憂，後天下之樂而樂」，顧亭林則謂「天下興亡，匹夫有責」；這都是以天下為己任的精神。革命不是少數人出風頭的事，不是一群人表現雄才大略的事，不是「彼可取而代之」的事，不是殺人放火的事，不是你打倒我我打倒你的事，也不是這個階級消滅那個階級的事；它是全面社會的重建，整個文明的改造，和普遍福利的增進。這樣一個偉大的目標斷不是那為一己或一小群人的利害打算的人們所能夠完成的，我們祇有具備著壯闊的襟度、偉大的抱負，並視他人的痛苦如自己的痛苦，然後才能獻身於革命的大業。在革命的行列中，個人主義的色彩應該盡量減少；個人權利、群己權界在常態發展的社會裡都是必須講求的，可是自願為革命大業而奮鬥的人卻不應斤斤計較這些。為大我而犧牲小我並不是否定小我的存在，而是化小我於大我之中，為革命而暫時放棄個人的若干權利也正是為社會上絕大多數的人求取更多的個人權利。如果你不願如此，你儘可以不參加革命運動，革命也絕不能帶有絲毫的勉強；但一旦你參加了革命，你便不能沒有這種以天下為己任的革命精神。

然而僅僅有了以天下為己任的精神並不夠保證我們成為革命者；因為具有這種精神的人同樣可以選擇保守的方向，在舊社會的傳統理念之下，為維持舊社會的存在而努力。例如范仲淹雖有以天下為己任的精神，卻顯然不是革命者；此外中國還有許多傳統智識分子也是如此。因而更進一步我們還得有衝決網羅的精神。舊社會的持續不墜絕不是完全依賴著有形的力量；事實上它是有一層層無形的天羅地網在束縛著我們的成長，腐蝕著我們的靈魂，消磨著我們的壯志。譚嗣同說得好：「初當衝決利祿之網羅，次衝決俗學若考據、若詞章之網羅，次衝決全球群學之網羅，次衝決君主之網羅，次衝決倫常之網羅，次衝決天之網羅，次衝決全球群教之網羅，終將衝決佛法之網羅。」誠然，譚氏衝決網羅的內容今天已十九失去了意義，可是他這種否定舊有一切的勇氣卻仍然不失為一種蓬勃的革命精神。在社會上，我們曾看到無數人，滿口的新名詞，言論比誰都激烈，然而到了實踐關頭竟和舊社會的腐敗分子毫無二致。為什麼呢？這都是因為缺乏衝決網羅——尤其是「利祿之網羅」的精神。我們往往因不能毅然捨棄我們在舊社會中的既得利益，在義與利的衝突之下，終於走上了投降妥協的路。其實我們如果不能身體力行地衝決舊社會的天羅地網，在自己的新的精神還未曾建立起來之前便處處抱著退縮的態度、妥協的思想，那麼我們絕不可能完成革命的事業，更不必說創造新的社會了！因此「衝決網羅」乃是革命的一種必不可少的精神。

有了以天下為己任的胸襟和衝決網羅的勇氣，是不是就算具備了健全的革命精神了呢？還是不夠，我們知道，革命不僅是情感之事，更重要的還得仰賴著理性——個人的理性、歷史的理性——的光輝。我們不難發現古往今來多少革命志士，有著救世的胸懷，也有著沸騰的情感，祇是因為認不清歷史文化的連續性，以為革命祇是不顧一切的破壞，於是在狂熱症的驅使之下，走上了殘殺恐怖的革命道路。結果革命給人們的不是更多幸福，而是更深的苦難。這樣，我們瞭解了革命的第三重精神——弘毅精神的重要性。曾子說：「士不可以不弘毅，任重而道遠！仁以為己任，不亦重乎？死而後已，不亦遠乎？」革命正是「任重而道遠」之事：社會的全面重建，任不可謂不重；百年以至數百年的大業，道不可謂不遠。有些革命志士一方面誤認革命衹是政權的推翻或階級鬥爭；他們的革命目標既如此偏狹，胸襟自不免也隨之縮小。於是許多本來都可以成為革命同志的人們，在他們眼中竟都成了革命的對象，而遭到無辜的迫害。「不革命即反革命」，「對敵人的寬大即是對自己的殘酷」等等偏激之詞也都成了他們的革命信條。這是缺乏「弘」的精神的表現。另一方面他們同時又把革命看得太容易，把破壞舊社會看作革命的全部內涵，因而相信一夜之間可以完成革命的神蹟。在這種「速變」的要求之下，一切殘暴的革命方法便很自然地被採用了。他們革命的熱忱化成了匹夫之勇；雖一時表現得波濤洶湧，卻不能持久，所謂「一鼓作氣，再而衰，三而竭」。這又是缺乏「毅」的精神的明證。而弘毅兩種精神則都是理性而不是情感的產物；因之這二者實際上衹是一種精神的兩面表現，是絕對分不開的。有了弘毅精神，革命才不會發生盲目衝動的危險，才可以有計劃、有步驟地重新建設一個新的社會！

這三重精神都齊全了，就革命本身說，已經可以算是完整的革命精神。但是，再深一層看，把革命全程配合到歷史的長流中去，我們顯然可以發現，這種革命依然存在著嚴重的危機。當在這三重精神指導之下的革命已經完成了，那又該是怎樣一種情景呢？誰能保證領導革命的人們不會重新成為革命的對象呢？上述的三重精神都是積極性的，也就是使革命的領導者可以逐漸獲得權力並鞏固此權力的掌握的精神。我們不敢說人類一定有著愛好權力的天性，可是權力對於人們的引誘力卻無疑是夠大的。在革命過程中所獲致的權力最後很容易成為革命者本身的一種「執」，而引導他們走向新暴君的途徑。歷史上有許多革命成功後反而變了質的，都是因為擺脫不了權力執的緣故，在這裡，革命第四重精神——「生而不有，為而不恃，長而不宰」的精神被肯定了。老子的精神本是消極的，可是這種消極精神在限制積極的革命精神的過度發展上卻被賦予了更積極的意義。革命需要「生」、需要「為」、需要「長」；但不能「有」、不能「恃」、更不能「宰」，一旦革命陷入了「有」、「恃」、「宰」的泥淖之中，則前面三重革命精神便會立刻化為烏有。法國名史學家譚恩（Hippolyte Taine）曾指出法國革命的領袖們之所以進入瘋狂的狀態，乃是由於恐怕失去革命的果實所致。這正是「有」、「恃」、「宰」的最好註腳。但「生而不有，為而不恃，長而不宰」的精神，也並不是叫我們在革命成功之後便立刻退出社會；它與「功成身退」、「急流勇退」等等為一己利害打算的明哲保身的哲學毫無相通之處。社會的進步是永無休止的，革命的完成並不意味著社會發展的中止。因之，即使在那時我們也依然要「生」、要「為」、要「長」

的；問題祇在如何防止「有」、「恃」、「宰」罷了！

這四重精神——以天下為己任的精神、衝決網羅的精神、弘毅的精神，和「生而不有，為而不恃，長而不宰」的精神——的融合構成了我們今天所需要的健全的革命精神。在這樣一種革命精神的感召與控制之下，革命才能熱情而不盲目、積極而不殘酷、建設而不妥協。這四重精神也可以說是一層一層地建築起來的，它們的次序也正可以解釋為革命發展的四個階段。

「革命精神」一詞是我們這個時代的少數最流行的口號之一，它的真義究竟如何卻很少人曾嚴肅的加以考慮。但革命精神也並不是憑空產生的：每一革命都表現一特殊的革命精神，每一革命精神都通過一特殊時空的人的活動而顯現。因之，我在這裡所說的革命精神便不是一般性的革命精神，而有其特殊的時代性。這一革命精神，正如為本書的名稱所顯示的，乃是民主的革命精神。我不敢說，這種革命精神可以適用於古往今來的一切革命，但我卻敢說，祇有在這種革命精神的籠罩之下，民主革命才可以不致走入歧途，並能完成它自身的歷史任務。

革命精神雖然起於社會上大多數人們的共同革命要求，但卻出現在實際革命發生之前，並且是實際革命的最高指導。這種革命精神最初祇存在於少數人之間，隨著時間的進展，它逐漸地彌漫及於社會的每一角落，而形成一種普遍的時代精神。到了這時，革命的時機才算成熟；革命的號召也就能獲得絕大多數人民的響應了！我們今天又在面臨著一個新的革命，這一新的革命迫切地需要著上述那種革命精神的支持；可是我們矚目四望，這種新的革命精神卻顯然還不曾建立起來。我深信，中國民主革命的重新展開，必有待於一群具有這種新的革命精神的革命志士的出現；而革命大業的最後完成則更有待於此一新革命精神的光芒照遍每一個人的心頭！如果我這一番對革命問題的討論也能夠使讀者們獲得同樣的信念，那麼這本書的出版總算是沒有白費紙張了！

余英時　一九五三年十月廿日在香港

上篇

革命與反革命

第一章

論革命

在近代歷史上，「民主」與「革命」已經成了最常見的兩個名詞了；西方很多歷史家，在他們近代史的著作中，總喜歡採用這兩個名詞作為篇名或章名。這充分地說明了它們在我們這個時代所占據的重要地位。關於民主，歷來的政治哲學家的著述真可以說是汗牛充棟；因之我不打算再加以討論。這裡，我要特別提出「革命」這一概念來檢討一番。但是真正瞭解近代文明的人應該承認，這兩個概念事實上是分不開的，而且也從來沒有完全分開過：民主是革命的動力，革命則是民主的實踐。

革命的概念和我們既然有著如此密切的關聯，那麼我們是否真正認識了它呢？甚至是否嚴肅地考慮過它的涵義呢？說來慚愧，我們對這兩個問題的答案都是否定的。那就是說，儘管革命早已成了我們每一個人的口頭禪，而我們卻並不曾徹底地瞭解它；因而我們對它的認識也始終停留在模糊的階段。比較保守的人把它看作是殺人放火、犯上作亂的盜匪勾當；激進的分子則又視之為快刀斬亂麻、痛快淋漓的光榮事業。總之，大家都是在直覺的、感性認識的基礎上，憑著一已之利害來決定對它的好惡；這實在是一種極不理智、不科學的態度。瓊斯（Bryn-Jones）曾慨乎言之：「不幸得很，革命竟是一個含糊不清的名詞。有時它被隨便用以指著任何重大的習俗、習慣或思想方式的改變。更嚴密一點，它則被用以意味著任何包括了社會秩序根本改造的深遠的社會變革……。」（*Toward a Democratic New Order*, p.201）蘇格拉底的名言：「最簡單的概念往往是最難於下定義的，因為大多數人都不覺得有這種需要。」真是此一情形的最適當的註解。

革命概念的混亂不祇一端；有內在的，有外在的。前者是人們的狹隘化、簡單化了它的豐富內涵，把革命僅僅看作是政治上的流血變革，而無視於它的全面性與整體性；後者的情形更糟，人們竟至把革命與反革命混為一談，甚且有意無意地顛倒了二者的關係。這兩重錯誤同樣給我們帶來了無窮的災害，但後者的嚴重性卻千百倍於前者，近代文明險些兒就此斷送。「革命」的概念在中國雖亦有其古遠的起源，但它在近代中國的傳播則顯然是西方文明入侵的結果。太平天國運動雖沒有標榜「革命」之名，事實上已經在中國開始了近代西方式的革命之路。正式舉起中國民主革命的大旗的，孫中山先生無疑是第一人；自此以後革命一詞便深入每一個中國人的心坎。因之在大多數中國人看來，不但這古老的國度必然地成了革命的聖地，而二十世紀也就注定了屬於革命的時代。和民主一樣，革命對於我們是異常親切的；但也正和我們不瞭解民主相同，形式上的熱烈追求並沒有能夠在實質上增加我們對它的真切認識。

近代中國所流行的「革命」一詞是西文 revolution 的譯名。因此我們首先得看看西方人對它的解釋與使用。Revolution 的概念在西方肇始極早，究竟起於何時已無法詳考；不過亞里士多德在《政治學》（*Politics*）一書中已有專章討論革命發生的原因；（柏拉圖也在他的《共和國》中討論過階級鬥爭與革命策略的問題，不過不及亞氏完備。）於此我們實不難窺見革命在西方文明體系中具有如何久遠的傳統了。

也許由於亞氏該書的性質所限，他所討論的「革命」實際上祇是一種政變。古代希臘是常常發生政變的，主要原因是民主分子與寡頭執政分子之間的衝突。因此亞氏說：「無論何時，當這兩黨（按：指民主分子與寡頭執政分子）在政權的分潤上不符合他們的預期想法時，他們便煽動起革命了。」由此可見「革命」與「民主」之間的關係真是源遠流長了。儘管亞氏的革命觀念太簡單，但他有一點見解今天依然值得我們注意：民主政體較寡頭政體不易發生革命，因為寡頭分子之間也是彼此傾軋不已的。如何才能防止這種革命呢？亞氏提出了三種方法：一、政府在教育方面的宣傳；二、事無大小悉遵法律而解決；三、在行政與法律上力求公平。

亞氏在政治角度上所理解的革命觀念，事實上是和當時希臘社會變革的真相有著距離的。近代法國名史學家古朗士（Fustel de Coulanges）在其所著《古代城邦》（*La Cité Antique*）一書中，即曾在「革命」的篇名之下，將希臘、羅馬的社會變遷做了一番比較研究。根據古氏的意見，革命的觀念不僅包括了政治革命，包括了梭倫（Solon）變法，而且還包括了宗教改革、家族組織的變化，以及階級制度的演進等等。在這裡，我們碰到了革命的兩重涵義：狹義的政治革命和廣義的整個社會變革。

其實亞氏在《政治學》中另外用了「叛亂」（sedition）這個字，其涵義倒較「革命」為豐富，相當於我們所說的「社會變革」。因此他才認為叛亂的造因是由於物質與精神上的不平等狀態。「那些旨在獲得平等的人是隨時準備叛亂的，如果他們看到他們認為是同等的人卻比他們獲得更多的話。」（見 William Ellis 譯本 p.145, Everyman's Library）。把叛亂看作是要求精神與物質上的平等，不僅把革命的涵義擴大了，而且還溝通了革命與民主兩種理念。

革命一詞實不止於政治革命的狹隘內涵，前面所引的瓊斯的那一段話已經明白地指出了這一點。同時，我們也可以在西方名作家的著作中找到豐富的例證；如約翰遜（Johnson）在 *The Rambler* 裡即曾有了「各種知識的革命」的句子，佛勞德（J. A. Froude）在他的《英國史》（*History of England*）中也用過「知識革命」的名詞。但是真正給我們澄清了革命與政治革命的概念的還是十九世紀的民主理論家：《群己權界論》的作者——約翰·穆勒（J. S. Mill）。穆氏在〈法國革命的幾點觀察〉的短文中曾經有過如下一段精闢的話：

一切與外族征服無關的政治革命都導源於精神革命。既存制度的顛覆僅僅是既存見解顛覆的結果。因之，過去三個世紀中的政治革命也無非是一種精神革命的外在表現而已，這種精神革命開始於印刷術發明的文藝復興。此一精神革命的途程還有多長？或在它（按：指精神革命）未終結前還有多少政治革命要從而產生？現在還沒有人能夠預言。

這裡我們顯然可以看出，穆氏不僅早已領悟到了民主革命的全面性，指出了文化革命與政治革命的正確關係，而且他還看清了近代文明的大趨勢，並瞭然於文藝復興的精神依然持續未墜，新的革命仍將繼續到來！又如十九世紀下葉法國的學者兼革命家邵可侶（Élisée Reclus）在其《進化與革命》一書中也已看到了未來的革命的全面性，他說：「一切覺悟與活動的進化主義者……必須詳細明白他們革命的理想。這理想所包括的將來愈廣，研究的工夫亦必愈深。因為一切人，不論是朋友或敵人都知道將來的革命將不是局部的，的確是包括全部社會與其一切表現的大革命。」

這樣一種廣闊的革命概念最近似乎已逐漸獲得了西方學者的承認：牟塞爾

（Alfred Meusel）在〈革命與反革命〉（"Revolution and Counter-Revolution"，見 *Encyclopedia Social Science*）一文中，認為至少在近代，社會秩序的改造是革命的一個極重要的特徵；它的意義已不祇是政治制度的改變與運用暴力達到這些目的了。然而他在該文中所反覆討論的則依然是一些關於政治革命的現象的問題。布羅甘教授（D. W. Brogan）在其新著《革命的代價》（*The Price of Revolution*, 1951）一書中，也開宗明義地指出：「作為一個概念，作為一種實在，革命都是我們西方文明中最古老的政治制度之一。推翻一個既存的實際秩序，即用一種社會、宗教、政治的體系代替另一種，而不祇是以暴易暴，也並非什麼新鮮的事體。」（頁一）不過儘管布氏已經察見到革命是「用一種社會、宗教、政治的體系代替另一種」，但同樣令人感到遺憾的是他那本書的主要內容卻仍未能越出政治革命的範疇。此外，社會學大師素羅金（P. Sorokin）於研究了一千七百餘個較大的社會動亂之後，在其 *Social and Cultural Dynamics* 的第三卷中，將革命劃分為五種類型：一、政治革命；二、社會與經濟革命；三、民族革命；四、宗教革命；五、某種特殊目標而起的革命（如反對某項法律或稅賦等）。素氏的分類，除第五項不是我們所要探討的課題外，前四項卻和我們對革命的認識完全一致。所不同者素氏所研究的是個別的革命事實，而本書的目的則在於對整個的革命概念引申地加以研討。

上面的檢討可以使我們看出革命的概念在西方歷史上所涵攝的內容；接著讓我更進一步地將「革命」二字在中國歷史上的起源及其本義做一簡略的考察，當更能使我們深入地認識這個問題。

在未將「革命」二字連作一個名稱來討論之前，我們應該分析一下「革」字和「命」字各自代表些什麼意義。據《說文解字》，「革」是「更也」，段玉裁氏註道：「治去其毛，是更改之義，故引申為凡更新之用。」由此可見「革」字的起源極早，大約是漁獵社會時代人們捕獲野獸而剝去其皮毛，稱之曰「革」。至今一切皮的東西都從「革」便是從這兒演變下來的。果如此，則「革」字還是從經濟生活中產生的哩！《說文》另有一條「革」字寫作「𩏑」；並說「古文革從卅，卅年為一世而道更」。段氏復註曰：「據此則𩏑之本訓更，後以為皮去毛之字。」究竟「皮去毛」的「革」字產生在前呢？抑或「道更」的「革」字通用得更早呢？這裡我們且不必去管它，但是我們至少可以知道：「革」字具有「道更」的意義已是很早的事了。

《易經·雜卦傳》上也說：「革，去故也；鼎，取新也。」說得具體一點，也就是除舊更新。所以中國歷史上的改朝換代，人們也稱之為「鼎革」。關於「革」字的討論到此已經夠了，下面我們再探索一下「命」字的內涵。「命」字的產生可能在殷末周初之際。那時的文獻上這個字很常見，如「周雖舊邦，其命維新」，「大哉天命」，「天命不易」，「天命不於常」等皆是。這些地方所用的命字顯然不是個人生命的「命」，而是整個「邦」（社會）的「命」，也正是孔子所再三強調的「命」字。孔子坦白承認「畏天命」，又說「五十而知天命」，「道之將行也與，命也；道之將廢也與，命也」。我們再把《說文》上「卅年為一世而道更」的話拿來，比較而觀之，已可窺見「革命」兩字結合的痕跡及其真義了。至於「革命」一詞的正式形成，最早見於《易經》的「天地革而四時成，湯武革命，順乎天而應乎人，革之時大矣哉」（《書經》上亦有「革殷受命」的話）。為什麼祇有湯武才稱得起「革命」這兩個字呢？〈大象傳〉疏曰：「王者相承，改正易服，皆有變革，而獨舉湯武者，蓋舜禹禪讓猶或因循，湯武干戈，極其損益，故取相變甚者，以明人革也。」在這一段話中，我們可以看到：一、僅僅是「王者相承」的政治改變並不能算作「革命」；二、「因循」的自然演化也當不起「革命」之稱。換句話說，「革命」必須是一種人為的，徹底而全面的社會變動。

　　革命的概念在中國古代史上所啟示的涵義把我們推進到一個嶄新的知識領域；這裡我們不僅直接看到了革命的全面性，同時也間接認識到社會的整體性。我在《近代文明的新趨勢》一書中曾經說過：「社會原是一『有機整體』，我們很難想像有一個社會，在政治上是民主的，在經濟上卻完全違反民主的原則；如果有這種不平衡情形發生，社會便一定動盪不安，結果不是政治民主犧牲於經濟的不民主，便是經濟的不民主被政治民主所消滅。」革命起於社會發展的不平衡，社會既是整體的，革命當然也就不能不是全面的了。當代生物學大師朱里安·赫胥黎（Julian Huxley）在一九四六年一篇講演——〈進步的新定義〉（A Redefinition of "Progress"）中便持著相同的見解，他認為文化或傳統中某一方面的過分發展有時便需要暴力革命來加以糾正，這也給我點出了革命的全面性的根本緣由何在。由此可見一種祇有政治變動而無其他社會變化的革命同樣是不可想像的。有之，必不會是真正意義上的革命；最多祇能是政變而已。梁任公早在《新民叢報》時代即曾寫一篇〈釋革〉的長文，討論革命的涵義，他開宗明義便說：「革也者含有英語 reform 與 revolution 二義。……revolution 者若輪轉然，從根底處掀翻之，而創造一新世界。」又說：「人群中一切有形無形之事物無不有其 reform，亦無不有其

revolution，不獨政治上為然也。即以政治論則有不必易姓而不得不謂之 revolution 者，亦有屢經易姓而仍不得謂之 revolution 者。」又說：「夫淘汰也，變革也，豈惟政治上為然耳。凡群治中一切萬事萬物莫不有焉。以日人之譯名言之，則宗教有宗教之革命，道德有道德之革命，學術有學術之革命，文學有文學之革命，風俗有風俗之革命，產業有產業之革命。……若此者豈嘗與朝廷政府有毫髮之關係，而皆不得不謂之革命。」可見梁氏當時不僅領悟到革命的全面性，同時復能跳出形式主義的窠臼，而從革命的實質成就上觀察革命，這實在不能說不是有先見之明；假使當時我們的革命者能夠冷靜地考慮一下梁氏的見解，中國革命也許不致鬧到今天這種地步。唯梁氏一再強調中國舊有的「革命」二字不足以當 revolution 之義，而必須易之以「變革」，則未免有些誤解「革命」的古義了。

但是本書所要研討的並不祇是一般的抽象革命概念，更重要地是發生於近代社會變遷中的民主革命。民主主義是近代史的中心內容，因之近代的革命也必然得和民主聯繫起來。上面已經說過「民主是革命的動力，革命則是民主的實踐」，這裡顯然牽涉到另外一個問題：革命的全面性應該建築在民主的全面性的基礎之上。如果民主不是全面性的，則這裡面還埋藏著深刻的矛盾；而我剛才對革命概念的一番分析也都不發生直接意義了。

不可否認地，民主曾經在很長的時期內被我們解釋為民主政治。原因是民主導源於古希臘的城邦政治，在那時它卻是一種政治體制。但伯里克利斯（Pericles）在〈葬禮演說〉（"Funeral Oration"）中所描繪的民主便已越出了政治的範疇，而包括著社會秩序與文化精神，可見即使遙遠的古希臘時代，民主政治也並不是一種絕對孤立的存在。然而這畢竟是過去的事，民主的最新內容是否如此呢？我們還得追尋更多的證據來支持這一論題。據我的瞭解，最近期的民主理論家早已不把民主一詞局限於政治範疇之內了：

拉弗德（Alexander Loveday）說：「民主已不再簡單的是一個政體了，它是一種建築在許多價值基礎上的社會形式。」（*The Only Way*, p.48）

瓊斯也說：「民主不祇是民主政治，它還意味著社會秩序與生活的方式。……民主實是一種崇高的精神，人們為了它曾做過無數次壯烈而英勇的鬥爭。其間固有不少次是為了政治的目標，但更偉大的目標還有社會公平、博愛，以及無以名之的理想等。當然，人們是肯為民主政治而犧牲的，但是若把民主看作人類的社會理想和生活方式，那麼它在現代的世界中便具有更大的號召力。」（*Toward a Democratic New Order*, p.9）

我們無論在任何一種現代的民主理論的著述中幾乎都可以發現同樣的說法。民主一詞的本身既從政治的範疇內解放了出來，當然，民主革命也就不可能還是指推翻政治制度的運動而言了；它必然要推廣到人類生活的每一角落中去。這和中國古代革命的意義——「道更」或「極其損益」、「相變甚者」的「人革」不是完全吻合的嗎？

以上幾方面純理論的探討都不期而然地使我們達到了同一結論：革命是全面社會重建的運動。至於民主革命之具有多方面的性質則更是一種自明的真理。當然，這一論題並不祇是在理論上成立的；如果我們根據這一看法來解釋全部西方近代文明的成就，我們將會看到無數史實都傾向於支持此一論據的建立。這些事實上的證據我在本章中暫不涉及，留待下面論革命的範疇時再分別加以檢討。

根據上述的標準，我們可以將近代的民主革命劃分成五種主要的範疇。這五種範疇是：政治革命、經濟革命、文化革命、社會革命和民族革命。這五類革命在形式上錯綜複雜地構成了一個革命的整體；在精神上也彼此一致地依據於民主的原則。因之，我們必須具備高度的分析力與觀察力才能看清其間的交互關係與共同趨向。在這五類革命中，除了民族革命不是一種普遍的存在外，其他四種革命乃是任何一個革命所必須具備的內涵，這四種革命在發生的時間上雖常常不一致，但一般地說總是混成一片的，無法很清楚地區別開來。

但革命的性質並不能離開它所發生的社會形態而單獨求得瞭解；要認清它，我們得注意它所屬的時間和空間。唯有在時空的交叉點上我們才能找出革命產生的真正原因，評判革命的是非得失，並為未來的革命運動指出一條正確而實際的路線。這裡發生了歷史社會背景與革命道路之間的關聯；在這一關聯上，我們可以對若干最富於綜合性的革命方法做有效的討論。關於這些，本書準備在最後幾章之中加以探討。

第二章

論反革命

我們所面臨的時代是一個反革命氣焰最高漲的時代。反革命的刀尖威脅著每一個人的幸福以至存在。自有歷史以來，反革命的力量從沒有像今天這樣強大過；換言之，也就是革命的進步力量從沒有像今天這樣萎縮過，人類的文明真已到了毀滅的邊緣了。當然這種景象是可怕的，然而更可怕的尚不在此。更可怕的又是什麼呢？是人們失去，甚至顛倒了衡量革命與反革命的區別的標準：人們把革命的力量看作是反革命的力量，而把反革命的力量尊為革命的力量。千百萬懷著滿腔革命熱情的智識青年、工人以及農人們所捨身以赴的革命運動，在歷史的考驗中卻恰恰被證明是反革命的逆流，迷惑的人如今更是陶醉在「革命力量的無比壯大」的美夢中了，而醒悟了的人呢？也祇有在痛苦中懺悔著過去。這是時代的悲劇，在歐洲如此，在亞洲如此，在中國更是如此。

既然反革命對於我們的生活有著如此重大的影響，我們怎能不對它求得一個徹底的瞭解呢！正本清源，要瞭解它，首先我們便得追溯它之所以如此普遍被誤解的緣由何在。現在就讓我們檢討一下，人們所最習用以判別革命與反革命的標準是些什麼：

第一、人們通常以「新」與「舊」為區別「革命」與「反革命」的標準！一切新的都是革命，一切舊的都是反革命。因此之故，共產主義、法西斯主義竟都成了這個時代的最時髦的革命理想，而代表著這些理想的政治力量也就必然被看作是革命的力量了。同時，文藝復興以來所興起的近代民主主義，由於它已具有數百年的歷史傳統，不少人遂目為落伍的與過時的舊制度。正是基於這種錯誤的觀念，共產黨人才把傳統的民主稱之為「舊民主」，而另標榜所謂「新民主」以號召革命群眾。透過理性的鏡子，我們顯然可以認識此種見解的荒謬性，然而，不可否認地，不少人卻往往震於「新」與「革命」之名而不敢反對共產主義；又復因痛恨「舊」與「反革命」之故，更不屑為民主辯護。這該是多麼悲哀與愚昧的事呢？

第二、人們又往往以「激進」與「溫和」為衡量「革命」與「反革命」的尺度。這部分地牽涉到革命與改良的問題。在常識的概念中，「革命」應該是採取激進的方式：即迅速地掃蕩一切舊制度與舊思想，否則便不得稱之為革命。而反革命呢？則走著緩慢的溫和改進的道路——也就是統治者緩和革命、持續政權的一種變相，此外，前者要徹底打破歷史的傳統，而後者卻趨向與傳統相妥協。這又是「革命」與「反革命」的分野。在這種尺度的衡量之下，依然祇有殘酷的、暴力的共產主義與法西斯主義才稱得起是「革命」，而溫和的、人道的傳統民主，由於阻礙了這種暴力革命，遂又無所逃於「反革命」的罪名。

第三、人們慣於以情感，而不是以理性為判別革命與反革命的標準。凡是瘋狂的叫囂、盲目的破壞、殘酷的屠殺……都被認為是「革命」的必然現象或特徵；反之，冷靜的思考、實驗性的行動……則是反革命的做法。因此，共產主義與法西斯主義都把革命的熱情激揚到沸點，並通過宣傳、「學習」（indoctrination），以及製造種種最富煽動性的事件（國外或國內的鬥爭）以經常保持此革命熱情的沸騰不已。而民主主義則恰恰與此相反，它永遠是訴諸理性的——思考、討論、協商，以及共同決定等等。本來，就傳統的看法說，革命是以情感為主的，沒有高度的熱情便無法進行革命；而理性恰恰有礙於這種革命熱情的發展，所以是「反革命」的。

第四、人們習以「主動」與「被動」來劃分革命與反革命的鴻溝。因為在不少人的眼光中，革命祇簡單地是新勢力向舊社會的挑戰，故而是主動的；反革命則是舊勢力迎接革命力量的挑戰，阻止革命的進程，所以是被動的。在我們這個時代裡，誰是向「舊社會」挑戰的主動的「新勢力」呢？不又正是共產主義與法西斯主義嗎？而他們挑戰的真正對象卻是民主，自一九一七年以來，民主已迅速地走了被動之路。它最初是受到左派的共產主義的猛烈進攻，一九二二年（義大利法西斯黨奪取政權之年）以後更加上右派的法西斯主義的無情打擊，於是，民主失去了十八、十九世紀時的光輝，人們不再熱烈地歡迎它了。維護民主、愛好民主的人往往被看作是反革命分子。雖然如今法西斯主義已經倒了下去，但另一方面，共產主義的洪流卻正有淹沒全世界的趨勢；共產主義與民主主義的主動與被動的地位不僅依然未變，而且還在遽速地增長著其尖銳性：共產主義愈來愈主動，民主主義則愈來愈被動。不少人——至少可以說在有革命要求的國家裡的人們——的瞭解，共產主義已毫無疑問是革命的力量了，而代表著反革命方面的卻是民主。

以上是人們持以分辨革命與反革命所最常習用的四個基本依據，雖然不是全部依據。顯然，根據這四個標準所產生的結論完全是一致的，那便是：共產主義與法西斯主義（這兩者的統稱是極權主義）才是我們這個時代的革命潮流，而民主則代表反革命的方向。當然，這樣瞭解革命與反革命的人並不一定是有意否定民主的價值，在他們的腦海中，倒毋寧是反對「反革命」或「資產階級的民主」，同理，他們也未必是衷心維護極權主義的人，而祇是在歡迎「革命」或「新民主」罷了。但在我們看來，這無疑是一種最荒謬的顛倒是非、混淆黑白的說法。這四個標準是錯誤的。錯誤在那裡呢？一般地說，它們祇能使人認識現象，而不認識本質；認識手段，而不認識目的；認識形式，而不認識內容。就第一點說，新與舊的區別並不涵攝著絲毫價值上的差異。社會是無休止地變動著的，因此，新與舊也祇是相對的而不是絕對的。從歷史上看，民主與極權都各有其悠久的歷史背景。早在古希臘時代，雅典的民主便已與斯巴達的專制形成了尖銳的對立。即就共產主義的理想言，在古代我們固可以上溯到柏拉圖的《共和國》，在近代我們也得從十六世紀的湯瑪士·摩爾（Thomas More）的《烏托邦》算起，並沒有什麼新穎可言。即使我們堅持真正的共產主義是始於馬克思的，那麼，馬克思和我們也隔了一個世紀了。這百餘年來，無論西方在民主理論——政治學、經濟學和哲學——上的發展或其社會在本質與結構上的變遷，都是驚人的；這些客觀史實絕不容我們忽視或歪曲。所以，新與舊絕不足以作判別革命與反革命的標準。

就第二點言，「溫和」或「激進」乃是手段或方法上的差異，其間並不存在著目的的分歧。而民主與極權的主要不同之點則是目的與方向的不同。祇有在一種意義上，我們或者還可以說它們是革命與反革命的分水嶺，那就是當我們把「革命」一詞死死地局限在政治革命的範疇之內的時候；因為祇有政治制度才實際可能有劇烈的變革；但如此已無法解釋一六八八年的英國「光榮革命」（Glorious Revolution）了，何況改良更不必然便是反革命呢？反之，如果我們把革命解釋作一種全面性的社會變革，則「溫和」與「激進」根本便不是兩個絕對衝突或對立的事物了。革命固不必然要採取激進的方式，而反革命也更毋須得走溫和的道路，這還不清楚嗎？

再就第三點著眼，讓我們看看情感與理智是否判別革命與反革命的標準。革命需要情感，並常常是情感的產物，這是事實。但是情感並不必然能夠保障革命的純正性。恰恰相反，它倒最容易使革命中途變質，而轉入反革命之路。法國大革命的盲動便是毫無羈絆的熱情所使然；而拿破崙之走上極端專制與侵略的途徑，也正是革命轉為反革命的最生動的例證。此外，二十世紀若干極權政體的相繼出現也無一不是革命熱情的過度沸騰的結果。另一方面呢？理性常常有著過多的考慮，這也未始不是革命的一重阻力，然而，往遠處看，特別是當我們把革命看作一種長期性的全面社會變革時，我們將無法否認它的價值。因之，祇有在清明的理性控制之下的情感，才是真能為革命服務，並且為革命所需要的；而理性不僅不是革命的敵人，倒是革命的最後依據。更具體地說，情感對社會的影響是可好可壞的，如果一個革命完全為瘋狂的情感所操縱，那麼這革命的前途多半是凶多吉少；反之，理性對社會的影響則是有好無壞的；如果祇有理性而沒有情感或情感不足，則可能革命不會發生，但社會終會在理性的指導下，穩步地循著革命的途徑前進。所以，這第三個標準也是經不起考驗與分析的。

最後，主動與被動是不是革命與反革命的真正分野呢？在表面上好像是的。但實質上則遠非如此。革命雖然是對舊社會的挑戰，但並不必然要採取主動的姿勢，這完全要看新舊勢力的比例如何。在今天的英、美、瑞士諸國，由於社會已基本上民主化了，它們的革命便毋須是主動的；祇有反民主與不民主的國家的革命才必須是主動的。而且，西方民主國家的革命也並不是從來沒有主動過，翻開歷史，它們在初期都曾有過很壯烈的主動的革命過程。反之，被動也並不是反革命的必然特質：十八世紀末、十九世紀初，梅特涅領導下的歐洲反革命運動和十九世紀中葉曾國藩領導下的中國反革命運動，不都是轟轟烈烈地主動行動嗎？是以，從本質上做進一步的解剖，最後這個判斷革命的根據也依然無法成立。

以上的簡略檢討當可使我們瞭然：一般流行的對革命與反革命的認識是建築在錯誤的基礎之上的。關於革命的概念，我已經有過很多的討論，在此不擬贅言；本文所要研究的祇限於反革命的概念，但有時亦須涉及革命，那是為了要使反革命的概念更為清晰的緣故。

既然，上面的標準不足以說明反革命的真正性質，我們更何從而認識它的廬山真面目呢？從現象上看，誠如牟塞爾所下的界說：「反革命的最基本意義乃是扭轉革命所造成的轉變」；貝恩斯（Eduard Benes）則認為：「新的反革命……，其出發點為相反的思潮、相反的階級政黨，以及其他的保守的社會力量。凡此一切因素暗中的存在雖未間斷，並時刻準備奪取他們昔日的地位。」但這些話顯然都沒有觸及反革命的本質。我個人的看法，祇要我們抓住了它的問題的核心，我們便立刻可以鑑定任何運動的本質是革命的還是反革命的了。這核心是什麼呢？一言以蔽之，是歷史潮流。所謂歷史潮流，在這裡包括兩層意義：從縱的方面說，它是必須如此的——歷史發展的必然趨勢；從橫的方面說，它是應該如此的——時代的普遍要求。因此，我個人的看法是：凡是違反歷史潮流的運動都是反革命。儘管，反革命還可以有種種其他的特徵，但那些特徵都是無關緊要的，而且是環繞著此一最後核心的分野點產生的，從現象上、形式上去追求反革命的特徵實無異緣木求魚，譬如我上面所舉出的四項標準，經過嚴密的分析之後，也同樣適用於反革命的方面，這難道還不夠使我們在建立劃分的標準上稍存一點謹慎的態度嗎？

我們這個時代的歷史潮流又是什麼呢？是民主呢？還是極權主義呢？這祇有從歷史上去尋找答案了。如果我們肯客觀地、平心靜氣地觀察文藝復興以來這數百年的歷史發展，我們實無法否認：歷史是屬意於前者的。我且曾不祇一次地指出：這數百年人類歷史其實便是全面性的民主革命的整個歷程，雖然這歷程至今仍沒有終結，通過個人的自覺、個人人格的建立，民主早已成為世界上最大多數人民所共同嚮往的目標。直到第一次世界大戰之前，民主的力量都在不斷地成長著——文藝復興，宗教革命，自由經濟的興起，民族國家的建立，英、美、法的民主革命，早期社會主義思想的傳播……這些偉大的事蹟告訴了我們，人民如何一步一步地摸索著民主的途徑，也一步一步地更接近了民主的理想。顯然，我們這個時代的潮流不是民主還是什麼呢？在今天，任何專制魔王、野心家也不敢公開反對民主了；他們祇好假「新民主」或「真民主」之名以否定民主而已。嚴格地說，反民主的極權制度之建立還是一九一七年俄國共產黨奪取了政權以後的事。此後，法西斯、納粹的政權一個個地建立了起來，極權主義在聲勢上的確有凌駕乎民主之上的氣概，或許正是因此之故，人們才把極權主義看成了「革命」的潮流或歷史發展的必然歸趨。其中還夾雜一層原因是我們所不能不注意的，那便是民族主義的問題。極權主義者（尤其是共產黨人）是最善於利用社會上一切革命因素的，而民族主義在近代革命史上所扮演的角色，其重要性正不在民主之下，因此，民族主義遂常常成為極權主義者奪取政權的最有用的工具，這也是使得許多殖民地或次殖民地國家中的大多數人民誤認極權主義為革命潮流的最大原因之一（請參看第九章）。其實，說民主是近代的歷史潮流，是任何具有理性的人所必須承認的事，極權主義的歷史多說點不過一百年，少說點才不過三十餘年，即使我們承認它是一種潮流，若與數百年浩浩蕩蕩的民主革命相比較，也衹能算是一股小小的歷史逆流而已。我們沒有任何理由能夠以這數十年的反動逆流來否定那數百年的歷史大潮流。

近代的歷史潮流既是民主，那麼，更具體地說，近代的反革命自然也就是反民主了。我們把反革命的定義嚴格地規定為反民主，才算找到了近代革命與反革命的真正分水嶺。毫無疑問，近代反民主最激烈的力量是極權主義，因此，我們今天要研究反革命首先便得從極權主義開始，極權主義是二十世紀興起的一種新勢力。它的最主要特質是對內專制與對外侵略，前者我們稱之為極權主義，後者我們則稱之為帝國主義，事實上這二者是淵源於同一原則的，是一體的兩面。極權主義並不是復古主義，也不祇是單純的反動。它對舊有的一切絕無必然的留戀，因為處今之世而企圖恢復貴族政治或封建經濟已經是不可能的事了。像柏克（Edmund Burke）那樣公然地反對法國革命，而維護舊傳統、舊制度、舊習慣，是真正反革命分子所不取的傻事。相反地，為了達到目的，它倒是盡可能地採用一切最新的科學技術，以及最新的組織方法，與政治、經濟、軍事種種制度；不僅如此，它還在統治形式上力求民主化——議會、憲法、選舉……應有盡有。這些都是使人們誤認它為革命力量的最重要的緣由，實際真相如何呢？我們不妨略加檢討。就其與專制主義（過去的第一階段的反革命勢力）相同之點說，在政治上，它是一個小的統治集團，不受任何法律限制的永恆統治，此外便絕不容許其他政治集團的存在。所不同者在於：專制的世襲是根據血統關係（bloodship），而極權的世襲則根據同志關係（comradeship）。在經濟上，它亦獨占生產工具與勞動力，使它的所有屬民對它有不可稍離的必然依存關係，並因而損害了他們的獨立人格；其不同之處是壟斷此種大權的不再是多元的個人（封建主義大資本家），而是唯一的團體（政黨）了。在文化上，它同樣也是「罷黜百家，定於一尊」的；在教條主義的權威束縛之下，個性絕無發展之餘地，一切知識（包括自然科學在內）都須從此種教條中推演出來，或歸結到此教條中去。同時，它還推行一種劃一的教育制度，把教條主義一代代地灌輸下去。最後，在社會上，極權主義體制下依然是階級森嚴的，其唯一的差異則是把傳統的經濟化的階級關係改變成為政治化的階級關係而已。自然，極權主義是不盡同於專制主義的。其不同之點在何處呢？專制主義是多元的、相對的、分立的；政治、經濟與文化的統治權並不操在一個個人或團體的手中，因此，彼此的權力有時倒互相均衡與抵銷了，人民反而有了活動的空隙；極權主義則不同，它是一元的、絕對的，它把社會上一切的權力都集在一己之手，被統治的人民是永遠不可能翻身的，除非整個地推翻它。或者我們也可以說，極權主義是專制主義的最高階段，因為這二者在反民主的本質上是毫無差異的。

近代民主之興起最初乃是對專制主義的挑戰，這已是一切歷史家所公認的事。所以，專制主義是近代的反革命也就成了歷史的定案。而根據剛才的分析比較，極權主義在本質上不僅與專制主義是一回事，而且還是它的更進一步的發展，那麼，我們目前反革命的最主要力量不是極權主義還是什麼呢？極權主義是反革命的最新形態，這不祇是邏輯推理的結果，同時也是歷史研究的結論。在今天，如果我們不能指出我們的敵人——共產主義實際上乃是反革命的最後堡壘，我們的鬥爭是毫無意義的，而我們的勝利也就毫無把握了！

以上我們對革命與反革命的分野，以及當前反革命的定義做了一般性的檢討。最後我們歸結到極權主義反革命的最新形勢。現在我要接著討論反革命勢力何以發生的問題。

根據我在上面的看法：反革命是違反歷史演進的自然趨勢與時代的普遍要求的；那麼，這樣一種運動如何能夠發生、成長，以至於成功呢？我們必須解答這個問題。首先，我要說明，我們不能從倫理學的觀點來看革命與反革命的問題。那就是說，我們不能因為反革命是罪惡的，便認為它的發生是不可理解，它的成長與成功為不可能。反之，我們也無從肯定，由於革命是善的，它的成功遂必具有任何必然性。因此，我們便得從客觀事實上考察此一問題。前面我已指出：歐洲曾經有過梅特涅領導的反革命運動，中國也有過曾國藩領導的反革命運動；這些運動不僅發展得蓬蓬勃勃，而且還獲得了相當程度的成功。此外，英國的革命也是幾經波折，反革命的逆流曾一再激盪著；不過由於它的社會基礎較好，所以還沒有像歐洲大陸上那樣巨大的反革命勢力的出現。據我觀察近代各國革命的歷史，祇有美國的革命較為單純，未曾激起反革命的運動，這完全因為它是一新興的殖民地，很少存著反動的舊勢力的緣故。

反革命運動之興起，具體地分析起來，因素至為複雜；每一反革命運動都有其特殊的原因與條件。但一般的說，我們可以將一切類型的反革命的興起都歸之於一個最基本的原因。這原因是什麼呢？一言以蔽之，是革命本身犯了錯誤——無論此錯誤是過激、變質或其他，總之毛病是出在革命這一方面。但近代西方若干學者頗有視反革命為歷史的必然，並涵攝於革命進程之中的；如義大利思想家費拉利

（Giuseppe Ferrari）曾把革命劃分為四階段：一、文化思想的革命階段；二、政治革命的階段；三、由政治革命的過激所激起的反革命的階段；四、溫和革命分子最後完成革命的階段。他顯然認為反革命是革命的一個不可避免的過程的；又如貝恩斯在其 *Democracy Today and Tomorrow* 一書中更進一步地肯定了反革命的內在必然性，他說：「每種革命的重要本質與特性乃是在其進化與結果中，包括有反動的因素，反對其自身的原則與結果。吾人已看出法國革命如何產生了不同的、強有力的及橫暴的理想與社會的思潮，彼此相互的衝突。……那似是一種社會學的規律，無論如何，那是一種真正的歷史經驗。每種革命，當其革命的狂熱時利用誇張，於其實行革命的原則與目的時利用誇張，其誇張的程度超過社會機構（這種機構是在革命的社會過程中）中的真正的狀況所能許可，超過革命運動本身在實際的生活中所能實行的，與能使其充分的經久的。」（尤亞賢譯本，商務版，頁一七〇—一七一）反革命是不是必然會發生於革命進程之中呢？我個人不敢對此作肯定的答覆。但有一點我是可以同意於費、貝兩氏的見解的，那就是反革命的產生主要是由於革命的過激所致。在這裡，我更要舉出歷史上若干典型的反革命的例證來說明這點。首先，我們且看看梅特涅領導的反革命運動是怎樣產生的。此一十九世紀初的歐洲反革命乃是法國大革命的直接反動。法國革命所犯的錯誤可以分為兩種：一種是表現在初期的過激；另一種是發生後期的變質。丹頓、羅布斯比諸人，由於戰爭的威脅而獲致革命領導權，旋即展開殘酷的屠殺，盲目的破壞；舊的專制尚未消除，新的專制又已開始。革命雖掃盪了君主的勢力，然而並未建立民主的體制。革命操之在一般激動的野心政客之手，絲毫沒有保障；革命群眾原是盲目的，他們竟相信恐怖可以使革命成功。法國革命的過激行動愈益激怒了全歐洲的君主勢力，一七九三年，歐洲各王國組成了一個反革命的國際聯合集團，向法國進攻。過激的革命者在抵抗侵略的藉口下，也更進一步地走向專制與恐怖的道路，於是，著名的「恐怖統治」開始了。恐怖統治的結果是法國革命力量受到嚴重的削弱，也使法國革命陷入了更深的錯誤。

隨著過激時代的過去則是王權分子（monarchists）的巨大反革命運動之興起；雖然此一內在的反革命旋即被拿破崙所消滅，然而，法國革命至此也完全變質了，拿破崙奪取了革命的領導權後，革命已為專制的軍國主義所代替，距離民主的目標是越來越遠了。如果拿破崙真的是為革命的利益做打算，他顯然是最有機會使法國走上民主自由的大道的人。但是，相反地，強烈的個人權力慾支配了他，毫無意義的窮兵黷武終於將法國革命領到了毀滅的絕境。拿破崙的專制淵源於革命初期的過激主義，而這二者又同時給梅特涅所領導的反革命提供了最有利的條件。即就梅氏本人而言，他的堅強的反革命思想便是法國革命的瘋狂暴動所培育出來的。法國革命爆發（一七八九）的前一年，他才十六歲，正在法國 Strasbourg 大學讀書。由於目睹了殘酷的革命行動，遂產生了強烈的憎恨革命的心理，終於畢生從事於反革命的運動。一八一五年以後法國波旁王朝再度復辟，雖然法國革命的暗流始終未斷，但最好的革命時機顯然已失去了。而且，由於革命基礎的不良，法國一直到第三共和的建立，都在驚濤駭浪之中，反革命與過激的革命之浪潮此起彼伏，所以整個地說，革命所給予法國的不是幸福，而是災害。法國革命是歷史上犯錯誤最多的一次革命，因之，它受到反革命的打擊也最為深重。

中國太平天國革命的故事也最足以解釋反革命勢力的成長。此一革命祇是一種盲目的反抗，領導革命的人對革命就沒有很明白的認識。革命的最後目的何在（推翻滿清統治祇是過程，不是目的）他們亦毫無所知；僅此一點已說明它後來的失敗了。此外，領導革命的人在思想上也依然是舊專制主義者的同志；權力的爭奪，生活的腐化，……這一切做法都是把革命導向反革命的方向。由於種種錯誤，才給了反革命一個最好的反擊機會；曾國藩領導的反革命勢力因此日益壯大起來。

這兩個中外反革命興起的例證，已經很清楚地告訴我們，革命錯誤所造成的後果是具有何等嚴重性了。其實，革命的勢力本身亦隨時可能轉變成反革命的勢力；這一點是我們通常所最不容易分辨的。即就我上述的法國革命與太平天國革命而言，這兩種革命到最後也都走上了反革命的道路。拿破崙的專制與侵略固是反革命的具體表現；洪、楊諸人的專制與封建也是與革命背道而馳的。革命如何會變成反革命呢？其中最重要的關鍵乃在於革命的領導權（參看第十一章）。掌握革命領導權的人或團體，如果沒有真正的革命誠意或缺乏基本的民主素質，反革命的危機是隨時存在於革命陣營之內的。這類的事實在歷史上到處可見。現實的例證也俯拾即是，祇要我們肯冷靜地分析，我們將會承認革命與反革命乃是「差以毫釐，謬以千里」的事。

反革命的成長與成功有沒有什麼特殊原因呢？據拉斯基（Harold J. Laski）教授的看法（見"The Threat of Counter-Revolution"一文），是基於下面三種條件的存在：一、在一個社會中若干已經建立起來的希望幻滅了；二、此社會具有深刻的失敗感；三、它的本身破裂而不團結，並因之失去了尊崇它的傳統制度的能力。拉氏認為墨索里尼與希特勒的獲得政權便是得力於這三個條件的幫助。其實，我認為這也正是中國反革命勢力一再高漲的基本原因。但可惜拉斯基氏並沒有對這一點做更深一層探討，如果他繼續分析下去，他將會發現落後與混亂乃是培養反革命的溫床。俄國與中國的極權運動之發展對於這一點提供了最有力的證明。

反革命的外在表現，我們也必須予以檢討。據我個人的意見，它的最顯著特徵便是侵略。前面我已提到極權主義的侵略性，而同時極權主義又是反革命的，於此，我們已可窺見反革命與侵略之間的關係的一斑。當然，我並不是說，一切侵略都來自反革命，不過反革命（在成熟了以後）卻必然是侵略的，也確不容我們否認。這種事實愈到近代表現得愈清楚：俄、義、德三大極權主義國家在近數十年來的一切作為已足可以證明這一點了。在近代，帝國主義一詞原是人們用以指資本主義所造成的經濟侵略與掠奪而言的。我們知道資本主義是具有兩個不同的階段，而以工業革命為其分水嶺。工業革命以後的資本主義特別表現出一副猙獰的侵略面孔。這是為什麼呢？我們與其用其他種種理由來解釋它，倒毋寧用反革命來解釋它，比較更接近真實一些！後期的資本主義確是近代社會中主要的反革命動力之一。社會主義的思潮由此產生，最後終於造成了另一更大的反革命運動——極權主義。這一點更證明了前面我提出的一個原則：反革命的興起基本上是由革命這一方面所犯的錯誤造成的；前面我所提出的例證都是政治上的反革命，這裡我們更看到了經濟上的反革命也同樣會給我們帶來無窮的災害。

社會上有一種流行很廣的錯誤概念，即認為近代的帝國主義完成是資本主義的罪惡結晶。所以一提到帝國主義人們便立刻想到資本主義，好像這二者是一個不可分的整體。當然，資本主義確曾造成了帝國主義，但是我們不要忘記，資本主義祇是各種形態的帝國主義之一。極權主義不就是更凶惡的帝國主義嗎？資本主義之變成帝國主義乃是因為它後來發展到了反革命方向的緣故；同樣，極權主義的帝國主義也是它反革命本質所必然要產生的現象。因此，就反革命的性質而言，這兩種形態的帝國主義還是相通的哩！不過這二者之間也還是有差異的：一個祇是經濟性的侵略，另一個則是包括整個文化體系的全面性的侵略。因此，要解決帝國主義的複雜問題，我們也必須從它的內在反革命的根源上著手。

現在，我要轉回來討論一下目前的反革命問題。我說極權主義是這幾十年的主要反革命勢力，但並不是意味著目前反革命的勢力僅止於極權主義。目前的反革命問題是極其複雜的。如果根據我們把近代反革命的定義規定為反民主而言，那麼世界上，尤其是東方，到處都存在著反革命的勢力。因此，在原則上，我們不妨把目前的反革命勢力分成兩部分來說：一部分是積極的新興的反革命勢力；另一部分則是消極的落後的反革命勢力。前者是極權主義，後者是分散在所有落後國家中的腐舊的專制統治階層。說到這裡，我們可以更進一步地澄清革命與反革命的混亂觀念了。新興的反革命勢力一方面固然是反對民主的革命力量的，但另一方面它又是腐舊的反革命統治階層的死敵。理由很簡單，極權主義者是絕不容許它本身以外的任何權威之存在，所以如果就極權主義與腐舊的統治階層而言，前者確是「革命的」，儘管這二者在整個歷史大趨勢中都祇是反動逆流。我們細察極權主義運動的成長，便可發覺它正是靠反腐舊的專制統治階層起家的。蘇俄與中國共產主義的勝利便是最好的例子。新興的反革命勢力是最善於運用社會上的革命心理的，譬如東方的廣大人民都痛恨腐舊的專制統治階層，於是極權主義者便以反腐舊統治者的「革命」號召群眾。因此，不僅大多數不滿現狀的人民群眾擁護它，許多缺乏真知灼見的民主自由分子也跟著它走。瞭解了這一點，我們就會懂得何以大多數的人都弄不清目前革命與反革命的分界線了；而不少富有革命熱情的青年們之所以擁護共產主義運動也是毫無足怪的事。腐舊的專制統治階層誠然是民主革命的主要對象之一，但是極權主義的反專制與民主主義的反專制本質上卻是背道而馳的，這正如目前的腐舊統治者與民主主義者反對共產主義之具有絕對相反的意義一樣。民主主義者跟著極權主義去「革命」的結果如何呢？俄國二月革命的果實之為布爾什維克黨所獨吞，以及中國舊民主黨派之降為共產黨人的尾巴都足夠回答這個問題了。同理，目前我們反極權的民主革命如果跟著舊統治者的路線走又會有什麼出路呢？幫助積極的反革命勢力去推翻消極的反革命勢力，或幫助消極的反革命勢力去摧毀積極的反革命勢力，其結果是不會相差得太遠的。於此我們又可歸納出一項有價值的原則：反「反革命」並不即等於「革命」，因為兩種以上的反革命勢力的彼此傾軋在歷史上原是司空見慣的事。

根據同一原則，我們更可以瞭然：革命與反革命陣營中的分子也並不是純一的。革命陣營中可以有不少反革命分子，反革命陣營中也可以有許多革命分子。而今天民主革命的最大困難卻正是因為我們的革命隊伍裡有著太多的反革命分子，而反革命的行列中卻有著太多的革命分子。如果我們不能隨時警惕於自己隊伍中反革命分子的背叛，不能盡力爭取反革命陣營中無數真誠純潔的革命分子的擁護，民主革命的前途實在祇是一片暗淡而已。

歷史殘酷地限定了我們民主革命者要與腐舊的專制統治階層暫時站在一起，因此我們失去了無數真正的革命分子的同情。但是，祇要我們能夠牢牢地掌握住革命的領導權，反革命的勢力依然是不足懼的；而廣大的革命群眾也終究會瞭解我們。在今天，反革命的勢力是緊密地團結在一起的，而革命的力量卻被化分得七零八落；無所不在的各種反革命勢力正隨時隨地在打擊著革命的力量。革命所一再發生的錯誤是導使革命的力量萎縮到今天的狀態的主要原因。檢討過去，我們更應該對未來的民主革命有所警惕才是。

但是反革命勢力雖然很大，它是否會獲得最後的勝利呢？我願借邵可侶的話來加以說明，並為本文的結束：「阻止革命的努力或能達到表面的與暫時的成功，反動者於是大聲慶祝；好在他們的快樂是落空的，因為被逼在一點的運動，又會在另一點產生出來。」

第三章

近代革命與反革命的分野

在第二章中，我曾指出革命與反革命的真正分水嶺在於歷史潮流，「凡是違反歷史潮流的運動都是反革命」。而此所謂「歷史潮流」實又涵攝著「歷史發展的必然趨勢」和「時代的普遍要求」兩重意思。用我們的術語來說，革命是「順乎天而應乎人」的；反革命則恰恰相反，它不僅是逆乎天的，而且也是違背大多數人的意志的。這種劃分革命與反革命的標準雖然在理論上是正確的，但在實際運用中卻常常會發生困難；因為反革命方面也同樣可以說他們是代表著歷史潮流的方向的。因之如果要在理論上澄清這種魚目混珠的混亂也很不容易做得好。在這一章裡我試圖從近代史的分析中，指陳革命與反革命在事實上的分野；這也許可以使人們更深刻地認清這二者的差異。

我說這一番話的意思是因為我看到自從一九一七年以後，多數人的視線已被俄國「十月革命」的種種現象所迷惑，而不復能分別近代革命與反革命的畛域。歷史家最多祇認為這一「革命」太過激、太殘酷；但卻從來不曾明白地指出它在整個人類文化發展中的意義與地位，更沒有人敢說它實際上乃是近代民主革命的反命題。名政治學者拉斯基教授在其所著的《當代革命觀感集》（*Reflections on the Revolution of Our Times*）的〈論俄國革命〉一文裡，劈頭便說「二十世紀的俄國革命是和十九世紀的法國革命處在同樣的歷史關係中的」。接著他更舉出了法、俄革命的若干類似點。拉氏這一見解——把法國大革命和俄國「十月革命」相提並論——可以說代表了近數十年來西方學人的一般觀點。直到最近，布羅甘在其《革命的代價》一書中，依然視美國獨立革命、法國革命、俄國「十月革命」為近代史上的三大革命而合併研究之；雖然他對後者確曾做了相當徹底的批判工作。這種根據現象的相似而肯定此兩大政治運動屬於同一革命的類型，實是一根本而極有毒害的錯誤。用現在的詞句說，這是分不清民主革命與極權運動的差別；從近代史發展的潮流上看，則正是混淆了革命與反革命的根本分野。

我們說極權主義是近代史上的反革命的力量，並不是因為我們痛恨它而任意地以惡名相加。恰恰相反，我們之所以敢於肯定極權主義是反革命的力量，乃是有著最近數百年來的客觀歷史作根據的。而且，指出極權主義的反革命本質並不是我個人的閉門造車；拉斯基在《當代革命觀感集》中即曾視納粹與法西斯為「反革命的威脅」；史登堡（Fritz Sternberg）在其新著《資本主義與社會主義在考驗中》（*Capitalism and Socialism on Trial*）一書裡也明確地稱納粹主義是反革命。我們既已承認極權主義的支流——法西斯與納粹——是反革命的；為什麼還不敢義正詞嚴地揭穿極權主義的主流——共產主義——的反革命面目呢？我所做的不過是把反革命的概念擴大到共產主義的範疇之內而已。這在理論上是絕對可以成立的。

在第二章中，我曾將極權主義與反革命的關係及其與民主主義的對立做了一番橫的論證，這裡不必重複。現在我要從縱的歷史發展上加強此一論據。許多人之所以不瞭解民主與極權的敵峙基本上是革命與反革命之衝突，主要原因是犯了上一章所列舉的第一種錯誤——以新舊為判斷的標準。換言之，也就是從機械的時間程序而不是文化的源流上觀察二者的真實關係。因此他們所看到的新舊、先後的關係分析到最後竟是顛倒了的。如果我們不犯「祇見樹木，不見森林」的短視病，我們是很容易在近代史的潮流中窺見革命與反革命的真正分野所在的。

根據我們前兩章對於革命與反革命之純理論的研究，我們知道革命是全面的社會重建的運動。從這一角度望去，近代民主革命便不是始於十七世紀的英國革命，也並沒有至十八世紀末、十九世紀初的法國革命而告終結。更有甚者，祇從政治革命的本身來看，我們將無從瞭解近代史的有機整體性；更不會懂得許多政治革命與其他種種社會變遷之間的內在關聯。而我們之誤解「十月革命」為民主革命的新形態也正是由此而起。那麼近代民主革命的真正開端在那裡呢？我們的看法是十四至十六世紀的文藝復興。文藝復興是近代新文化的啟蒙運動；它象徵著人類的覺醒和近代精神的建立。依據我們對革命的認識，則文藝復興正是文化上的民主革命；雖然歷來史家並未曾給它以革命之名。我這樣說，還不僅是因為文藝復興在中古與近代之間表現出一承先啟後的突出精神；而且是因為即使在當時也有許多枝枝節節的革命性的事件足以說明近代革命的開展。舉其要者，如印刷的發明在文化上是一種革命；

哥白尼的太陽中心說與地動說在天文學上是一種革命；發拉（Valla）證明 *Donation of Constantine* 是一紙偽造的文件在歷史研究上是一種革命；各國民族文學、方言文學的興起在文學史上也是一種革命。這些都祇是文化範疇內的革命表現而已；此外在這期間政治、經濟各方面的變化我們還沒有提到。僅僅憑著這些事蹟，文藝復興已足可以稱得起革命之名了；而我們所持的理由卻尚有多於此者。我們知道宗教革命是和文藝復興相銜接的，無論在時間上或在精神上都是如此；我在《近代文明的新趨勢》中曾經把這兩大運動當作近代文化革命的兩個階段。宗教革命的革命意義既已獲得普遍的承認，文藝復興當然也就不可能不是一種革命了。自此以降，遂有資本主義的經濟革命、各國的政治革命……等相繼產生。這是近代民主革命的整個歷程。這一系列的近代文明的成就同時便是民主革命的果實；而它的方向自然也是革命的方向。

但是革命並不是無故發生的；它必須有一個可以而且應該革命的對象。近代民主革命的對象是什麼呢？前面我已指出是專制主義——政治上的君主專制、經濟上的封建專制、文化上的教會專制。專制主義並不是一個很脆弱無力的東西；它曾具有深厚的社會基礎和歷史背景。我們要推翻它，它自然會竭力反抗。從專制對民主反抗的這一方面著眼，我們便看到了近代反革命的這一系統。很顯然地，近代革命與反革命事實上是同時開始的。哥白尼的新天文學理論之遭受教會的壓制，伽里略、布魯諾諸人之被教會判罪，以及這一時期的許多愛真理甚於生命的智識分子之被處死都是文化上反革命力量的充分表現。中古傳留下來的「異端審判所」至此已成為反革命勢力鎮壓革命分子的工具。這種文化上的革命與反革命的鬥爭到了馬丁路德時代才正式爆發成一種公開的全面的文化革命運動，並和政治與經濟的革命聯繫起來了。此外，我們還可以看到，基爾特制度對新興的工商業分子的束縛與壓迫也正是經濟上的反革命。政治方面革命與反革命的激盪也不自十七世紀的英國民主革命始；它們的鬥爭早從文藝復興以後就在零星的、分散的、不正式的形態下，不斷地進行著。近代革命與反革命的鬥爭不僅早已存在著，而且直到法國大革命以後也依然沒有完全過去。由於近代寫歷史和讀歷史的人對於革命這一方面有著無限的嚮往與同情，他們便不免要透過滿足自己的主觀願望的有色眼鏡去觀察歷史。祇從這一方面去看，他們自然看不見近代反革命勢力的傳統及其演變了。我說這些話並不是為反革命張目，我祇希望人們能夠面對現實，認清反革命問題的嚴重性。如果我們不注視近代史上代表著反革命的那一系統的變化，我們將無從理解極權主義的興起與發展；當然也就更不會瞭解何以民主與極權的衝突是革命與反革命鬥爭的延續了。

從表面上看，民主與專制的鬥爭轉變為民主與極權的鬥爭祇簡單地是近代革命對象的改變。這種看法基本上肯定了專制主義與極權主義之間不存在著任何關聯。其實如果我們對這一方面的情形稍加注意，我們是不難發現：極權主義不僅是繼承了專制主義的一線餘緒，而且還是它的更進一步的發展；其間確存在著可以理解的變遷程序。關於這二者在性質上的相同處我在〈論反革命〉一文中已有所比較。也許有人會說，專制主義與極權主義所依據的理論基礎根本不同，它二者怎麼會是一回事呢？這種說法根本忽略了理論在統治者手中的工具性質。共產主義的理論不也是和法西斯或納粹的哲學完全不同，甚至相反嗎？但這並無損於它們同是極權主義。極權主義繼承專制主義的最有力的事實證明是：極權主義特別容易在落後而又具有專制傳統的國家中發芽滋長。希特勒改威瑪共和國為「第三德意志帝國」是公開繼承專制傳統；蘇俄在一切政策上之延續沙俄的做法也是在事實上把新的統治形態和舊的專制基礎結合起來。我們再看看許多其他國家共產主義的成長史便更能窺見其間一脈相承的痕跡了。

根據上面的分析，近代反革命是有著一條很清楚的演變路線可以認識的。革命與反革命的彼此消長是近代史的重要特徵之一。但是這裡發生了一個問題：近代民主革命在其初期階段既已獲得決定性的勝利，何以到了最近反革命的力量反而會如此驚人的壯大起來了呢？這首先得回到前面所提出的一項原則：反革命勢力的高漲最主要是由於革命本身犯了錯誤。那麼近代民主革命的毛病出在何處呢？人人都知道是在經濟方面；資本主義的無饜求得的精神配上近代工業制度的助紂為虐，結果使得文藝復興以來的自由性的經濟變質而成了壟斷性的集權經濟。由於這一變質而引起的種種社會惡果給予垂死的專制主義殘餘以借屍還魂的絕好機會；於是而有極權主義的興起。一八四八年《共產黨宣言》的問世象徵著極權主義的正式建立，也是反革命復辟的第一聲號角。從此以後，近代革命與反革命的鬥爭進入了一個嶄新的階段：反革命的氣焰日益高漲，革命的力量卻越來越萎縮。反革命力量之所以能夠如此強大並不是偶然的：它絕不是專制主義的單純復活。它已發展了一套無所不包的博大的理論體系；它的勢力在「改造社會」的革命姿態下，侵入了人類生活的每一個角落。民主革命之必須成為一種全面性的、無所不在的社會重建運動，一部分也未嘗不是極權主義反革命挑戰的結果。極權主義的確是歷史上最狡猾、最隱蔽的一種反革命：它不僅最善於利用社會上一切革命因素與革命情緒，而且其本身還會偽裝成一種十足革命的與進步的面貌。（當然我並不是說每一個極權分子全是有意識的作偽者，相反地我們很可以相信大多數共產主義的虔誠信徒都曾是有過濃厚的革命熱情的人；一般地說，這種偽裝乃是無意識的，非個人的〔impersonal〕。）這兒我們看見了時代的悲劇：無數懷著真誠的革命情感的青年們在拚命地為反革命的發展而努力；另一方面呢？許多舊時代留下來的專制殘餘階層卻躲藏在民主的旗幟之下，從反面烘托著反革命勢力的膨脹。而真正代表著革命方面的民主主義者卻徘徊在夾縫中間，無所適從。

一九一七年俄國極權運動成功之後，具有幾百年傳統的民主革命竟遭遇到前所未有的致命打擊；它從積極的發展一轉而淪為消極的防守。讓我們稍稍回憶一下一九一七年以後的世界歷史：從那時起，歐亞各專制國家都捨棄了民主革命的大道而走上了反革命的方向。一九二二年法西斯黨控制了義大利；一九三三年納粹黨在德國獲得了成功；一九三九年西班牙的法朗基黨在德、義的援助之下掌握了政權。此外東方的中國、日本和其他許多歐洲小國也都瀰漫在極權運動的氣氛之中。很顯然地，一九一七年以後世界上已沒有任何一國的變革是屬於民主革命的了，有之，便必然是極權運動。

這是反革命方面的一系列的發展；另一方面，繼承著近代民主革命的傳統的英、美在最近這四、五十年間也開拓新的民主方向和革命園地，而足夠在長期的競爭下擊敗極權力量。關於這些，我在《近代文明的新趨勢》一書的最後一章中已有較詳細的敘述，這裡祇好從略。這裡我要重複指出的是：近代革命與反革命的兩條路線的發展始終是涇渭分明、清清楚楚的。祇要我們用活的而不是僵死的眼光去看歷史，則誰是革命誰是反革命也是很容易分辨出來的。

最後，我們試著將法國革命與俄國「十月革命」做一簡略的比較，以澄清革命與反革命的分野。

法、俄革命是否有共同之處呢？我們的答案是肯定的。這種相同首先表現在兩國革命前的政治、經濟、社會、宗教等各方面的狀況上。其次在革命的現象上也頗有相似的地方。法國一七八九年的革命希望並沒有實現；俄國一九一七年的革命希望最終也同樣是幻滅了。法國的《人權宣言》不曾發生充分的實際作用；列寧的《國家與革命》一書也祇是一紙烏托邦的幻想。法國有雅各賓黨的專制與殘酷；俄國也有布爾什維克的瘋狂摧毀一切。法國革命中民主分子曾數度得勢；俄國革命的初期也曾經有過民主派掌握革命領導權的事實……。

但是儘管這二者相同之處如此之多，它們之間的最大的差異卻並不因此而消失：那便是最終結果的不同。法國革命雖然數經波折，可是最後它的民主革命的方向並不曾改變；俄國則不然，它的革命變了質，成為反革命的極權主義，恰恰是法國革命的反命題。這一差異又是怎樣構成的呢？首先是時代背景的不同：法國革命產生在一個充滿著希望和樂觀的時代；那時，英國的民主革命才告完成，美國的民主政權還剛剛建立，而資本主義所滋生的種種罪惡則尚沒有出現。俄國革命卻發生在一個充滿恐懼、疲憊和悲觀的時代！這時第一次世界大戰正在進行，資本主義的罪惡所招致的危機正充滿了人間，整個世界都處在高度的動盪不安之中。其次則是由於此種時代背景的不同而造成的指導革命的思想信仰的差異：法國革命時人們對民主主義的信念極其堅定，而同時，專制王國剛被推翻，正值它反動最無力之際。一九一七年的世界卻不同了：人們對資本主義恨之最深，因此社會主義、共產主義、無政府主義……等等反資本主義的思想正如雨後春筍，發展得蓬蓬勃勃。民主主義的真實價值已受到當時人們嚴重的懷疑。這樣，近代反革命的幽靈始能在極權主義的新形態下向民主主義大舉反攻。

但是俄國革命的方面也並非自始便是極權的。我們知道一九一七年的俄國曾連續發生了兩次革命：二月革命和十月革命。二月革命實際上乃是由民主黨派（立憲民主黨、勞動團、改良主義的十月黨和社會革命黨等）領導的民主革命。臨時政府成立之後隨即頒行了許多民主性的政策，因此美國首先對這一革命表示歡迎。但臨時政府的基礎畢竟太脆弱了，兼之又處在內憂外患交迫之際，所以最後還是在布爾什維克黨的重重陰謀之下結束了它的悲劇性的命運。「十月革命」根本不是任何意義上的革命，相反地，它乃是近代反革命的一連串勝利的開端。

法、俄革命的異同的比較顯然更能使我們瞭然近代革命與反革命的基本分歧的所在。歷史清楚地告訴了我們，俄國民主革命的果實是被新專制主義者（極權主義者）竊取去了。二月革命的方向才是民主的；「十月革命」祇不過是近代反革命的復辟，是民主革命史上最可恥的一個紀念日而已。近代歷史家未曾深察史實，動輒將「十月革命」和法國大革命相提並論，並認為它是更進步的民主革命運動！這真是「差之毫釐，失之千里」了。

我們既正確地瞭解了「十月革命」的新反革命本質，我們就更有理由相信民主主義遲早必會在世界上獲得普遍的實現。因為，民主與專制鬥爭的歷史早已證明了此點，儘管專制主義今天是經過了「科學社會主義化」的偽裝。但是，同時它也給予了我們一個警惕：那就是說，今天從事民主革命運動的人們首先便應徹底地檢討，並且進而掃除民主主義本身的病症，因為我們本身的任何缺點都會成為敵人賴以滋長和壯大的基礎。資本主義所貽予人類的災害恐怕要算文明史上代價最大的教訓了。

中篇

革命的範疇

第四章

論政治革命

在〈論革命〉一文中，我已指出革命具有廣義與狹義的兩重涵義：廣義的革命是全面社會重建的運動；狹義的革命則專指著政治革命而言，是前者的一環，也正是本文所要探討的課題。梁任公在另一篇〈中國歷史上革命之研究〉中也說：「革命之義有廣狹，其最廣義則社會上一切無形有形之事物所生之大變動皆是也。其次廣義則政治上之異動與前此劃然成一新時代者，無論以平和得之、以鐵血得之皆是也。其狹義則專以兵力向於中央政府者是也。」這一章我們所要討論的便是梁氏所謂「次廣義」的「政治上之異動與前此劃然成一新時代者」的革命。

在理論上把政治革命瞭解為民主革命的一環是比較容易做得到的；但是當我們從思維世界裡覺醒過來，而「回首下望人寰處」的時候，殘酷的現實卻不能不使我們對於政治革命懷著過多的希望或恐懼。我們還在懷疑：政治革命在理論上儘可以不是全面的，在事實上卻常會是萬能的。為什麼呢？我們在這一方面所承受的長期的信仰傳統，顯然也是最主要的緣由之一。從受教育起我們在歷史教科書上所讀到的革命——如西方的英國革命、美國革命、法國革命、俄國革命，以及中國的太平天國革命、辛亥革命等等便無一不是專指著政治上的流血劇變而言。從這兒也可以窺見革命的定義在我們的歷史家的心目中是怎麼一回事了。我們吸收了這樣的歷史知識，自然會很容易地接受他們的見解：把革命看作是一種純政治性的運動，至少也會以為政治是革命最重要、最核心的一個階段。即是以經濟變動為社會進化基礎的唯物史觀的大師們如馬克思、列寧等，也還未能跳出這個舊窠臼。在《共產黨宣言》上，馬克思和恩格斯這樣宣稱道：「共產黨人底最近目的，是與一切其他無產階級政黨一樣的：即無產階級形成為階級，推翻資產階級統治，無產階級奪取政權。」「無產階級不能不首先取得政治的統治，把自己提高為民族的階級。」還有一段更具體的話可以證明馬、恩的革命的定義：「在現在社會腹腔內所發生的隱藏的國內戰爭，到最後這種戰爭就轉變為公開的革命了；勞工階級藉暴力推翻了資產階級，這樣它就替自己的統治奠定了基礎。」基於這種認識，馬、恩兩氏並更進一步發展了他們的「暴力革命論」與「無產階級專政論」。到了列寧，這一理論更為具體化了。他說：「一切革命底最主要問題就是國家政權底問題，這便是一切革命最主要的問題。」（史大林，《列寧主義問題》）儘管他們不把政治看作革命的最終目的，然而他們對於政治重要性的極力提高卻是顯而易見的。

我們現在且不必去分析這些論據是否有成立的可能，最好讓我們先從正面考察政治革命的中心涵義和它在全面的民主革命中所能發揮的實際功能。政治革命的定義是什麼呢？這的確是很不容易答覆的問題。我個人的看法，美國《獨立宣言》中的兩條中心思想極可以用來解釋政治革命的涵義：一、一切政府的正當權力都來自被統治者的同意；二、因之，必要時人民推翻專制政府而另建立新政府也完全是合理的。政治革命簡單地說便是原來被統治的大多數人民，由於憎恨既存政府的專橫、腐敗，或其他任何罪惡，而又無合法的方法可以推翻它，於是組織起來用武力顛覆它，代之以新的政府。十六世紀的布魯塔士（S. J. Brutus）在其 *Vindiciae Contra Tyrannos* 中也已認為如果統治者壓迫人民或破壞了國家，便等於毀棄了他們與人民之間的公道協定。因之，人民便可以起而推翻之（參看附錄）。但這祇是從現象的觀察中所獲致的結論。如果我們做更進一步的分析，政治革命，特別是當它和近代民主連在一起的時候，並不祇是意味著政府形式的變換。誠然，政府形式的變換常是構成政治革命的重要特徵之一，但這一原則也並不是永遠有效的。英國的革命史便證明了這一點。更重要的，我們得瞭解支撐著該項政治制度的主要精神有沒有發生變化；如果政體有了改變而根本精神並沒有動搖，則無論這種改變如何劇烈都不得稱之為革命。反之，如果政治制度的精神已經發生了本質上的變化，那麼即使它在形式上依然如故也不能損害它的革命性。說得更具體點，我們判斷某種政治變化是不是革命，得從變化的性質上加以推敲；譬如近代各國政治上的民主革命便都是在政府的性質上起了革命性的變化：從不民主的政府變成了民主的政府。就這種判斷的標準說，法國推翻波旁王朝固然是革命；英國一六八八年的國王易人也是革命，而且還是「光榮革命」。

再進一層分析，政治革命的意義還不祇是政治制度的性質的改進，政治制度正如一切其他社會制度一樣是手段而不是目的，把它從實際生活中分離出來便不發生價值的問題。那就是說它的好惡得由它推動或阻礙人類文明進步的作用上來決定。因此它除了本身更新的意義外，還得盡促進全面社會革命的責任。社會全面重建的歷程中固然少不了政治革命，但政治革命也不能離開其他方面的革命而單獨地獲得成功；即使它是整個革命的開端；如果在相當時期內沒有其他方面的革命起而支持它，那麼它也祇能像一陣暴風驟雨一樣，雖足以激起波瀾壯闊的摧毀性的泛濫，卻無從助長社會文化的進步，提高人類文明的程度；西方的法國革命、中國的太平天國革命，以及辛亥革命以來的歷史都很可以助證這個看法。而事實上政治革命常常是其他方面革命的一種自然結果；這點後面我們還要談到。說到這裡，我們必須弄清楚政治革命在全面社會重建的歷程中擔任著一些什麼任務；由此我們始能進而瞭解它所能貢獻於其他方面的革命者究屬如何。迄現在止，在一切社會權力之中，政治權力無疑仍是最具體、最直接、最突出的一種；因之它的影響也比較最為顯著。政治權力的變化（即政治革命）往往改變了整個社會面貌，這說明社會制度與形式的革命須借重政治的力量。任何政治革命都不祇是政治制度本身的改變，經濟制度、社會制度、文化制度等也常會隨之而起革命性的變化。英國革命與宗教制度的關聯，法國革命對階級特權的掃蕩都很清楚地為我們指出政治革命的功能何在。而宗教革命由於牽涉到教會體制的改革，也就和政治革命連在一起了。正因為政治革命是有形的、轟轟烈烈的運動，所以人們才對它懷持著過多的希望或恐懼。

同時，人們把政治革命誤解為革命的全部也並不是出於偶然，這裡有長遠的歷史背景在支持著此一偏見。翻開幾千年來的人類歷史，政治一直是最熱鬧的一頁；有人說中國的正史祇是帝王家譜，其實西方過去的歷史著作也同樣是以政治活動為中心的。十九世紀的名史學家西利（Seeley）以歷史為國家的傳記，佛利門（Freeman）則說「歷史是過去的政治，政治是現在的歷史」；這可以說是政治史觀的最高表現。據牟塞爾氏告訴我們：革命一詞也是在十九世紀才成為政治學中的專有名詞，而和政治革命混為一談的。不僅革命如此，我們把民主的涵義限為民主政治也未嘗不是基於同樣的理由。但是這種過度強調政治因素的歷史理論遠在十九世紀時便已逐漸為人們所否定；尤其是近代資本主義的發展促起了人們對於經濟因素的重視，馬克思的唯物史觀則是這一方面的最高成果。關於一元論歷史觀的錯誤，我不擬在此加以批判；這裡我所要指出的是，政治活動與經濟活動或其他一切人類活動一樣，祇是文明的一個方面而非全部。在理論上我們很容易證明這一看法：從橫的方面說，近代社會科學的突飛猛進、花樣翻新，許多學問之從經濟學、社會學中分化出去而成立獨立的知識範疇，都指示出人類活動的方面之廣；從縱的方面說，近代歷史哲學也逐漸從一元論躍進到多元論了；就我所知，現代西方正統歷史家很少從政治或經濟某一個觀點上研究歷史，他們都把歷史的範疇擴大為「文明史」（History of Civilization，或 Kulturgeschichte）。這一派史學開始於十八世紀的法哲伏爾泰（Voltaire），現在則已獲得西方史學界的普遍承認。這種種社會科學與歷史學的新趨勢都直接否定了政治萬能的偏見。這裡我願意補充一筆，政治活動的重要性在今天雖已顯得很低微，它的作用卻也不是自古而然、一成不變的。如果我們從發展的進化的觀點去看歷史，我們將會發現越往古代追溯，政治的威力也越大，由此可知亞里士多德之視革命為政治性的事，確有其歷史的根據。我們通觀全史當可看出政治的作用是和文明程度成反比的；因之有些過去可以憑著政治力量來解決的問題，今天則必須在政治以外去求解決。即使在今天的世界上，我們也不難發現，政治力量在落後國家依然遠比在先進國家具有更大的重要性。而落後國家的政治之所以動盪不寧、政變迭起，也正是因為這個緣故。

但是儘管如此，由於整個近代文明的突飛猛進，即使在落後國家中，政治的功能也已隨之大為降低了。基於這種瞭解，我們便不能希望政治革命可以單獨的有多大成就。任何社會進步都必須包括多數群眾的自我要求（自覺地或不自覺地），政治強力衹是創造的手段，其本身並不即等於創造；因之，如果用之不當倒反而會嚴重地危害著社會的進步。中國古人說：「以力假仁者霸」，「以力服人者非心服也」都是在說明這番意思。

前面我們提到，政治革命不僅不是革命的全部，不僅不能必然地引導出其他方面的革命，而且往往還是其他社會革命的結果。現在我便要根據史實來發揮這一觀念。對於政治革命的體驗，實際參加並領導過革命的人物顯然比一般人要來得深刻而正確。讓我們且聽聽幾位革命領袖的話，拿破崙說「沒有盧梭就沒有法國革命」；列寧說「沒有革命的理論便沒有革命的行動」；孫中山倡「知難行易」說，也正是因為體驗到發現革命的道理（文化革命）比實際的革命行動（政治革命）要困難得多。由此可見政治革命不過是瓜熟自落的一種自然結果而已；它的進行是否順利，還得看文化、社會、經濟各方面的革命準備夠不夠。如果準備很充分，政治革命的成功會意外的容易，並真正能加速社會的進步；否則便不僅要難產，而且還不免危害文明的成長。

我們試察近代任何一國的民主革命史，都無法承認政治革命可以與其他方面的革命孤立起來，更無法承認政治革命的完成便是全部民主革命的終結。無論是法國或英國，她們的革命都是十四世紀以來文藝復興、宗教革命、工業革命等等變動的綜合結果。更明顯的，一七八九年法國階級會議的召開，就是因為經濟的原因。而此一會議卒至發展為革命也是因為第三階級在社會上要求與僧侶貴族等處於同等地位；在經濟上要求取消封建領主所加給他們的枷鎖；在政治上要求民主，廢除第一、二兩階級的特權等等因素所共同促成的。至於文化上所受孟德斯鳩、盧梭、伏爾泰諸大思想家的指導更是拿破崙所親口承認的。英國革命也是一樣，十七世紀時國王與國會的戰爭是直接導源於宗教信仰；而十九世紀的兩度改革法案（Reform Bill）的頒布都和中產階級要求經濟自由有著不可分割的關係。總之，我們可以舉出無數的例證來說明政治革命祇是民主革命的一環，而絕非它的全部意義所在。但是問題尚不止此，儘管人們主觀上承認政治革命的片面性，客觀上，人們對於它的重視和熱心卻是依然如故的。為什麼呢？拿破崙說得好：「政治就是命運。」人們都相信政治可以掌握現實的命運。好像祇要一旦政權在握，天下一切事都會迎刃而解；而自現象上觀之，情形也的確如此。所以連歷史唯物論者也致其全力於鞏固

「無產階級的政權」了。

政治的威力果真如此的偉大嗎？我們還是從歷史上去尋求答案吧！若以民主革命中注重政治的程度來作衡量的尺度，那麼法國顯然要算是第一了。法國那許多革命黨派，成天祇知在政體上打算，一派比一派狂熱，一派比一派激進。專制、恐怖、殘暴各種政治手段都使用盡了。政體也一再改變：撇開前期革命的演變不談，自督政府以後迄於第三共和的建立，其間就改變了五六次之多，然而結果不但政治沒有走上軌道，整個社會也隨著一齊破產了。反過來再回溯一下英國的民主革命，問題就會更為清楚了：英國民主革命是一步一步演進而來的，這種演進表現於政治方面者遠不及文化、經濟、社會各方面為顯著，稍熟英國史者當不難察見。至於英國的政體，自一二一五年以來，形式上一直沒有變更。祇有在十七世紀清教徒革命時，一度改為共和政體（commonwealth），但不久君主制度又告恢復。一直到今天英國的政體還不曾改變。然而，我們怎能據此而肯定英國是不民主的國家呢！事實上，英國革命所依賴的政治力量最少（與其他各國比較而言），而它所達到的民主程度卻最高。經過這樣一番剖析，政治威力的神秘性就完全消失了。中國的民主革命史更證明了此一真理。最近幾十年來，我們的革命家也祇知道注重這樣那樣的政體，很少人瞭解社會、文化和經濟各方面改革的重大意義。所以，轟轟烈烈的「五四」文化革命運動也祇是曇花一現，不但對民主革命沒有真實的貢獻，反而為共產主義開了路，功還比不上過呢！

上面我們從理論與事實兩方面分析了政治革命的內涵及其在整個社會革命中所占據的重要性。至此我們已可以瞭然：政治革命祇是革命的一環，而不是全部；它必須和其他方面的革命相呼應才能促進社會的進步。反之，如果我們過分注重政治革命，而忽視其他各方面革命的必要性，結果不但會使整個民主革命受到嚴重的損害，並且連政治革命的成果亦將一併失之。

從近代民主革命的早期理論以及美、法革命的實際上看，另有一項關於政治革命的觀念頗值得我們注意：那便是政治革命乃是人民的一種權利。早在十六世紀時霍特曼（Francois Hotman）即已持此觀點。十七、十八世紀的政治思想家如霍布斯（Thomas Hobbes）、洛克（John Locke）、盧梭（Rousseau）都是人權論的倡導者。儘管他們在細節上頗有爭執，但對於社會成員的自然權利不應完全被剝奪一點則意見完全一致。根據他們的說法，政府的存在便是為了保衛，而不是侵犯人民的權利，如生命、自由、財產……等。因之，順理成章地推論下去，政府如果不能盡其保衛人權的功能，它自然就得讓位於新的政府。可是政府與人民這種契約（借用盧梭的話），卻不同於任何其他的契約，而是一種權力的關係。權力本身即具有絕大的引誘力；要想握有權力者自動放棄其權力，在事實上似乎絕少可能。這是政治革命所以產生的根本原因。由此可見，政治革命不僅是一種維護人權的合理行動；而且它本身也就是人權的一種。是以，霍布斯雖不贊成革命，但他也不得不承認，革命乃是保衛人權的最後辦法；洛克也說，當政府不能維護人權時，革命實是應該的。（按：關於洛克的革命觀，附錄中有較長討論，姑從略。）盧梭的革命觀稍有不同，他倡導一種不斷革命的理論；因為在他看來，主權永遠不應授給政府，當操之於人民。因之，政府的存亡悉決之於「群意」（general will）的正常運用。這種理論在當時祇是一種幻想，但是由於近代民主政治的重大進展，到今天則已化為事實了。

及至美國的獨立革命，政治革命是一種權利的思想已經普遍地為當時一般革命分子所接受；《獨立宣言》並曾明白地宣布了這一點。法國的《人權宣言》更昭示我們革命與人權的不可分的關聯。其實「革命即人權」的道理是很容易瞭解的；這種說法的主要意思乃是把革命放置在一個合理的哲學基礎之上。政治革命是一切人權的最後保障，也是任何殘暴的統治者所無法剝奪的最後權利。從人權的角度來看政治革命更可以使我們瞭然於它的豐富涵義。根據這種標準，政治革命的意義便不應止於「去故」，更重要的乃是在於「取新」。同時，我們也當能看出，何以極權運動不但不是「革命」，而且還是「反革命」了。

以上種種討論都是從內容上來指陳政治革命的真義何在。在這樣特殊的瞭解之下，我們顯然更能進而分辨政治革命與政變（coup d'etat）、叛亂（rebellion, insurrection）的區別所在了。政變祇是人事的變遷，其間並不意味著政治體制或精神的革進，如法國的拿破崙政變、中國歷史的改朝換代皆是。叛亂則往往是一種革命性的行動，它沒有計劃，沒有目的；破壞有餘而建設不足。中外歷史上的農民叛亂都可以歸之於這一類。就主觀條件說，農民叛亂確與政治革命有共同之處；但就客觀效果言，它所給予社會的卻祇是損害而已。此所以農民揭竿而起的革命行動常常終結於少數野心家的躍登統治寶座也。在中國歷史上，劉邦和朱元璋代表著成功的一型，黃巢、李闖則扮演著悲劇的角色，直到今天這還是值得我們注意的問題！

在形式上，政變、叛亂和政治革命是很容易被人們混淆在一起的；例如，一七八九年法國大革命爆發的時候，法王路易十六便誤認它為叛亂，他的大臣黎安可

（Liancourt）卻回答他說：「陛下，那不是叛亂，那是革命。」這真可以說是「差以毫釐，謬以千里」哩！

我並無意貶抑政治革命的價值。不過想還給它一個本來應有的位置而已。把民主革命看作狹隘的政治革命，已給人類帶來了太多的災害，而我們中國卻又是其中受害最深的一個。我們怎能不對這個問題重新做審慎的考慮呢？現在讓我介紹戊戌政變時的一位革命先進王照先生所講述的一段故事來結束本文吧：

「戊戌年，余與老康（有為）講論，即言：『……我看衹有盡力多立學堂，漸漸擴充，風氣一天一天的改變，再行一切新政。』老康說：『列強瓜分就在眼前，你這條道如何來得及？』迄今三十二年矣，來得及，來不及，是不貼題的話。」

從王先生說這幾句話到現在，又是二十多年了。我們反觀當前的中國社會，更體驗到王先生的話有無限深長的意味！

第五章

論經濟革命

剛剛從政治革命的複雜網絡中解脫出來之後，現在我們的討論，卻又得重新進入一個更複雜而且更惑人的網絡中去，那便是經濟革命。經濟革命的概念是比較後起的，幾乎直到工業革命以後才引起人們的注意；並且它之成為聚訟紛紜的嚴重時代問題還是馬克思派的社會主義興起以後的事。名史學家桑戴克（Lynn Thorndike）氏在其一九二七年出版的《世界文化史》（*A Short History of Civilization*）裡已採用「經濟革命」為章名，敘述工業革命以來的經濟發展。這一問題的重要性於此可見一斑。但桑氏所研究的衹是經濟本身的變遷，至於它對整個近代文明的影響，及其所引起社會關係的變化則一字未提；至於資本主義經濟制度所造成的重大弊病究當如何革除，桑氏亦未予以探究的線索。這些，本章擬做一最扼要的檢討。

經濟革命既是近代史上的新問題，我們便不能不從它的歷史背景上加以考察。近代經濟革命可以分成兩個階段：一是資本主義的革命，一是社會主義的革命。但這兩個階段的經濟革命卻很不相同：資本主義革命是反抗封建經濟的束縛，而爭取自由的革命，這一革命是人們在不知不覺中完成的；它事前既沒有任何經濟理論作根據，也沒有什麼預定的計劃，而衹是一種自然的歷史發展。社會主義革命則是反對資本主義的嚴重的貧富不均狀態，而爭取經濟平等的革命；它不但有理論根據和預定計劃，並且還是在它的理論和計劃長期發展之後才獲得實驗的機會。

資本主義既是一種自然的歷史發展，它除了完成自身的進程之外，對於近代文明的其他各方面——政治、文化、社會則衹具有影響性的關聯。社會主義則不然，它的主要理論是：經濟是整個社會的最真實的基礎；因之，經濟革命必然會引起全面的社會重建；換句話說，經濟是社會的決定因素。在這種特殊的瞭解下，社會主義已不祇是經濟革命的理論，而成了全面社會革命的指導原則。

最後，還有更重要的一點應該指出：資本主義革命主要是經濟生活本身性質的改變；而社會主義革命則是要改變在經濟的關聯上所產生的社會關係。這種改變並非經濟發展本身的自我要求。這裡，讓我們試著將近代經濟革命的演變做一簡略的追溯。

我們研究近代經濟革命首先要接觸到的問題便是工業革命。在一般人的常識中，工業革命幾乎便是資本主義的全部內容；尤以唯物史觀所散布的錯誤概念之廣泛流行，人們往往自覺或不自覺地以資本主義是「機器生產工具」的產兒，甚至進而把近代文明的全部成就都當作是它的「上層建築」。因之，第一步我們便不能不從資本主義與工業革命的一般關係說起。

馬克思、恩格斯在闡述他們的唯物史觀時曾撒下了一個天人的謊言；但百餘年來馬克思主義的批判者卻從來沒有揭發他們的罪狀，我們現在試對此加以分析。馬克思在《僱傭勞動與資本》一書中曾說：「社會的生產諸關係，隨著物質的生產手段（按：即生產工具）底變化和發展而變化和改變。此等生產關係的總和，構成我們所稱為的生產諸關係，……而且構成那處於歷史發展底一定階段上的社會，即構成具有特定性質的社會。」這還是一般的說法。此外，馬、恩二氏在其合著的《神聖家族》裡更明確地肯定：「蒸汽機建立了一個資本主義的社會。」一句話，他們武斷地認為近代經濟革命——資本主義是「蒸汽機」的產兒，也就是說：是工業革命的結果。這裡，我要從兩方面來證明馬克思的荒謬之論。第一是資本主義產生的因素，看看它是從那兒來的。其次是資本主義與工業革命的時間關聯與相互影響。

根據客觀的歷史記載，資本主義早在文藝復興時代便已興起；馬、恩二氏在《共產黨宣言》中也承認：「從中世紀底農奴中產生了最早城市的自由居民；從這個市民等級中發展了資產階級底最初分子。」這和歷史真相倒也相去不遠。那麼資本主義產生的原因又是些什麼呢？從大趨勢上看，我們至少可以認清：十世紀以後的城市發展，文藝復興時代地理知識的進步所促成的巨大地理發現，民族國家的出現……等等從文化到政治的綜合因素（包括經濟因素本身在內）才是資本主義產生與成長的真正原因。這種種因素促進了商業的發達，商業的發達又刺激著工業（手工業）的大量生產，埋下了後來工業革命的種子。由此可見，在造成近代經濟革命的許多因素中單單沒有「生產工具的變革」，不但如此，我們倒在這裡窺見了工業革命——「生產工業變革」——的根源。唯物史觀的顛倒是非，歪曲事實不是很顯然嗎？

我們都知道，工業革命發生在十八世紀的中葉以後，直到十九世紀下葉才告成熟。（Hayes 氏認為工業革命的發難階段是一七七〇—一八三〇年，成熟階段是一八三〇—一八七〇年。）馬克思所特別強調的蒸汽機也發明於十八世紀的下葉：十八世紀初葉英人紐可門（Newcomen）已發明了蒸汽機，但仍有重大缺點；直到一七六九年英人瓦特（James Watt）才完成這一創造。工業革命為什麼發生在英國而不是其他國家呢？布羅甘氏認為除了煤鐵等技師因素外，更重要的是英國那一套政治社會制度使得經濟革命易於產生。英國名史家特利佛蘭（Trevelyan）也說英國之所以有工業革命是由於政治革命已改變了英國的社會制度的緣故。因之英國比任何國家都具有更合適的工業革命的基礎。這樣看來，工業革命不祇是資本主義經濟革命的產兒，同時還是政治革命的結果呢！另一方面，資本主義在西洋史上卻有商業的與工業的兩大階段，以工業革命為其分水嶺。據霍布遜（J. A. Hobson）的研究，資本主義的精神不僅在文藝復興時代才告出現，早在希臘羅馬時代即已存在，不過程度不同而已。因此從時間上觀察，資本主義也無疑是工業革命的原因。顯然，歷史真相完全是和唯物史觀的論斷相反的。

工業革命這樣一種巨大的變動，對於資本主義有重大的影響，當然是不容懷疑的，前面我們已根據史實指出唯物史觀以生產工具的變革解釋資本主義的興起的錯誤。然則工業革命對資本主義的影響到底是好是壞呢？是壞。但我不是說：工業革命一開始，資本主義立刻就變質。其實，在初期資本主義正因為獲得了這種強有力支持，才發展得更為蓬勃，而它對近代文明的貢獻也在這時表現得特別顯著；唯好景不常，接著，自由競爭便變成了壟斷；自由勞工變成了機械的生產工具；自由貿易變成了帝國主義的經濟侵略……這種種資本主義罪惡的造成，近代的工業制度實不能不負相當的責任。我們祇要觀察一下資本主義在這兩個階段中的不同狀況便可以瞭然了。

資本主義經濟又稱自由經濟，顧名思義，便可知它是講求「自由競爭」、「自由貿易」、「自由契約」等等「自由」的。在十九世紀上半葉以前，這些「自由」的確存在過。前期資本主義的發展曾擴大了人們的世界觀；解放了束縛在土地上的農奴；保證了個人自由與人格獨立；瓦解了中世紀行會制度對工商業的限制；並且還在某種程度上助長了民主政治，推動了民主革命。但這一切的成就都是屬於工業革命以前和工業革命初期的。等到工業革命完成之後，資本主義變質了：所謂「自由競爭」到了十九世紀中葉已經名存實亡。大資本家的經濟壟斷開始出現於人類歷史上了。剛從農奴制度下解放出來的工人，除了一個空洞的身體自由而外，什麼都沒有得到；而物質生活卻比從前更沒有保障。這一切罪惡都是近代的社會主義者，特別是馬克思主義者，所一再揭發了的。然而，儘管資本主義已被人們罵得體無完膚，但人們卻從來不曾真的瞭解到它的真實原因何在。人們都模糊地認為，這是資本主義的「內在矛盾」的必然結果，而不知這是工業革命與資本主義相結合的自然趨勢。

我絕無仇視工業革命的意思，反之，我倒要向工業革命致最深的敬意，因為它為人類創造了無法統計的巨大財富。我也不願一味咒罵資本主義，因為這根本不是一個責任的問題。我所要指出的祇是一個最簡單的史實：資本主義無限追求利潤，積累財富的精神，遇到了大規模機器生產，便很自然地造成了這種惡果。

若說工業革命曾把資本主義推進了一個新的階段，那麼，這個新階段絕不是像唯物史觀所說的新生的階段，而是死亡的階段，依照共產黨人的術語來說，也就是帝國主義的階段。資本主義獲得工業革命的「助紂為虐」，不僅產生了上述的許多內在惡果，同時還產生了侵略落後民族，以及殖民地爭奪戰爭等等外在的帝國主義精神。這些都是不可否認的事實。上面說過並不是工業革命一開始，資本主義就立刻死亡，但是在工業革命第一階段的末期，它的死亡的徵兆，就已經顯露得非常清楚了。

資本主義經濟革命既有著兩個不同的階段，它在近代史上也因而有著兩種不同的表現。工業革命以前，資本主義是在不斷地增加人類自由的總量，推動近代文明的進步；工業革命以後，人類文明便一直直接或間接地受著它的威脅。直接方面，少數大資本家的壟斷經濟，貧富的極端懸殊等等惡果，已使近代民主大為減色；間接方面，它所激起的極權主義運動更在積極地毀滅近代文明的一切成就。那麼近代文明是不是完全被經濟變遷所決定的呢？這是唯物史觀的另一中心論據；也是本章所要分析的第二個要點。

共產黨人曾一再地稱近代的民主政治為「資產階級的民主」，又說民主革命是「資產階級的革命」。事實如何呢？我們最好還是從時間上加以考慮。從歷史的延續性一方面看，西方近代民主政治的源流，說得早點，應該上溯到古希臘的雅典城邦政治；說得近點，英國一二一五年的《大憲章》（*Magna Carta*）運動也是民主精神的充分表現。據拉斯基教授的研究，即使在黑暗的中古時代，民主政治依然有所發展，封建的契約關係便是一例。在文化方面，文藝復興的古典主義精神也是很明顯地繼承著希臘文化的傳統。這些重大的事蹟都和資本主義經濟革命沒有任何關係，而且還遠在近代經濟革命發生之前。因之，所謂近代文明是資本主義經濟的「上層建築」之說便已不攻自破了。

但資本主義經濟革命和近代民主革命之間的關聯卻是不容否認的事實。首先經濟革命本身便是民主革命中的一個重要環節；其次，英、美、法各國的政治革命也顯然和資產階級要求經濟自由有著密切的關係。不過值得我們注意的是：這種關係多表現在工業革命以前及其最初階段之中。例如英國革命事實上早在十七世紀初年便已開始；美、法兩國革命也都發生在十八世紀的末期。而工業革命則是十八世紀中葉以後的事。前面布羅甘和特利佛蘭兩氏已對此有精闢的論斷。而且，由於各國經濟革命、政治革命發生與發展的時間和狀態彼此不同，故工業革命的時期也不一致；美國工業革命直到十九世紀的下半葉才開始。我們中國的例證更為清楚：工業革命至今還沒有頭緒，而民主革命卻早在半世紀以前就開始了。資本主義和民主革命的關係是存在的，但這不是說，民主革命完全是資本主義的產兒，更不是說民主革命祇是「資產階級革命」。

革命，尤其是民主革命，乃是社會大多數人們的共業，不會也不可能由某一個階級單獨進行。就拿政治革命一方面來說，早在十四、十五、十六世紀時歐洲就曾發生過很多次的反對封建制度的農民革命。這些革命都是後來民主革命的先聲。在民主革命中，主要的革命群眾仍然是屬於農民和城市貧民階級。資產階級不過是其中較為活躍的一部分而已。至於文化與社會方面的民主革命，更是需要大多數的人們共同努力了，僅僅資產階級是絕對無能為力的。

其實資本主義經濟革命的最大的意義，仍在於經濟成就的本身。它在消極方面既摧毀了束縛重重的封建制度——工商業的基爾特制、農奴制、自給自足的莊園經濟制……積極方面，它更創造了無限制的經濟自由——自由競爭、自由貿易、自由契約等等；同時，在它的激勵下又產生了工業革命，因而創造了人類空前未有的財富，使人類的經濟生活（工業、商業、農業）起了根本的改變。至於它對近代政治、文化、社會各方面的民主革命則祇是具有影響性的而非決定性的作用。而且工業革命以後，它不僅不再具有革命的性質，不僅不再能推動民主革命的進程，並且還逐漸地成了革命的嚴重障礙。這樣，我們看到社會主義革命的興起。

社會主義其實不能稱之為經濟革命，它最多祇是一種倡導經濟革命的理論。等到馬克思以至列寧之流從理論走向實踐時，它卻已經變質而成為極權運動了。社會主義這一段演變的歷史是頗值得我們玩味的。

大家都知道，社會主義有兩個不同的階段：烏托邦的（utopian）與科學的（scientific）；意思是說：前者衹是幻想，後者始能實踐。我的看法稍有不同；我承認社會主義有前期與後期的差異，但此差異卻不在實踐的方法，而在根本精神。那就是說烏托邦社會主義在本源處還是繼承著文藝復興以來人文主義的一貫精神，可以歸之於民主革命的範疇之內，而所謂科學的社會主義則已墮落為反民主、反革命的極權主義。當然，這首先得由社會主義自己來負責；如果它本身沒有具備極權的因素，則這種演變也是無法理解的。關於這中間的關鍵，我在《近代文明的新趨勢》一書的第八章裡已有較詳細的敘述，這兒不再重複。這裡值得指出的是：這一經濟革命的理論也和資本主義一樣，產生在工業革命之前，與生產工具的變革絲毫無關。社會主義的淵源最早可以追溯到柏拉圖，但這太遠了，我們且不談。近代社會主義——以廢除私有財產為中心的資本主義的反命題，則肇始於十六世紀的英國摩爾。前面我們看到：資本主義的經濟制度因工業革命的出現而變質，現在我們當能更進一步認清，社會主義的兩大階段也同樣是以工業革命為分水嶺的。馬克思主義是十足的極權主義固不消說；而十九世紀三大民主社會大師——傅利葉、聖西門、歐文——的思想顯然已同樣染上了濃厚的極權色彩。這說明社會主義也是因為受了工業革命與資本主義經濟制度結合以後所造成的惡果之衝激，才完全變質的。說到這裡，我們得稍費筆墨來澄清一下社會主義與民主的關係，並進而分析社會主義革命在民主革命中所占據的地位。首先我所要說的，即「社會主義」與「民主」這兩個名詞已被人們使用得極其混亂：「社會主義」有時意味著民主社會主義，有時是極權主義的同義語，有時更成了「集體主義」的代名詞；「民主」的涵義也有廣狹的不同。如果我們在使用時不嚴格地規定它們的內容，我們是不可能進行任何有效討論的。那麼，我在本文中所說的「社會主義」和「民主」各代表一些什麼意思呢？首先，「社會主義」不是極權主義的同義語，也不同於集體主義，而是指著「以廢除私有財產為中心的資本主義反命題」而言的，這也就是說，它純粹是一種經濟制度。其次，這裡所說的「民主」則包含兩層意思：民主的政治制度與全面性的社會民主。現在，讓我分別加以討論。

就社會主義和民主政治的關係說，這二者在內容上是兩回事，在性質上則是彼此矛盾的。我很同意吐克威爾（Tocqueville）的說法：「民主政治與社會主義不但懸殊，而且對立。」何以是懸殊的呢？因為前者是政治制度，而後者則是經濟制度。何以又是對立的呢？理由也極簡單：前者的基本原則是「分權」；而後者的中心觀念卻是「集權」。我們很難想像，一個政治分權而經濟集權的社會依然能夠保持著協調。

但就社會主義與全面民主的關係說，問題卻稍為兩樣；這二者根本不是站在同一平面，或屬於同一層次的；如果社會主義有其有價值與意義的一方面，那麼它的價值與意義便得包含在前者之中。當然，當社會主義成為一種絕對的事體時，它和民主之間還是存在著歧異的。但即使如此，這種歧異也與社會主義和民主政治之間那種尖銳的對立不同。正如資本主義一樣，在這種情形下，社會主義也祇構成民主的一種內在病症——自然太嚴重的病症是可能致命的。

然而，我們也得承認，撇開它的答案不說，社會主義所提出來的經濟問題——絕對的經濟自由所造成極端的經濟不平等——不僅從民主的角度上看，有其價值，而且至今還沒有獲得合理而徹底的解決。倘若社會主義的目標是在追求經濟平等（集權祇是方法不是目的），那麼在這一點上它和民主的原則是不相衝突的；而且也切中了資本主義的根本弊病。近代攻擊社會主義的理論的人，自吐克威爾以至哈耶克（Friedrich Hayek），所根據的中心思想都是「自由」。那就是說，社會主義的絕對平等會毀滅了自由。因此吐克威爾說：「民主與社會主義祇有一點共同的：平等。但，這也是有區別的：民主從自由中求平等，社會主義則從束縛與奴役中求平等。」吐氏的話，從自由的角度上看，是正確的；而「從束縛與奴役中求平等」一語對於社會主義與極權主義則尤為一針見血之論。絕對經濟平等的錯誤是沒有人能夠否認的，甚至極權的蘇俄最後也不能放棄此一原則的實踐。可是反過來說，絕對自由危害平等的事實卻更值得我們反省。資本主義的後期發展便是這一論據的最好說明。因此美國的馬基佛（R. M. MacIver）在其一九五〇年的新著 *The Ramparts We Guard*（《我們所保衛的民主堡壘》）一書裡，便強調經濟自由必不能走上絕對之路。

我們把近代經濟革命的兩階段——資本主義與社會主義——的意義抽象為自由與平等，這一百餘年來糾纏不清的問題便有了可以理解的線索。資本主義的病根是「犧牲了平等的絕對自由」；社會主義的主要弊端又何嘗不是「犧牲了自由的絕對平等」呢？自由與平等是近代民主的兩大要素，而這兩大要素卻從來沒有達到理想的協調之境。湯姆遜（David Thomson）在其《平等》一書中便力陳此說，並一再強調自由與平等必須獲得協調。

根據這種瞭解，不僅資本主義經濟革命在民主革命中曾占據著重要的地位；社會主義在平等的意義上也顯然是和民主革命同其方向的。資本主義與社會主義在其初期階段都具有革命性，發展到最後都成了革命的阻礙。但如將這二者做一比較，則前者對近代文明的貢獻無疑遠在後者之上：資本主義革命在經濟本身上的成就及其對近代文明各方面的促進作用，都是社會主義所沒有也不可能有的貢獻。前面已提到，資本主義與社會主義在本質上有所不同：資本主義的革命是從經濟生活——農業、工業、商業——內部開始的，社會主義革命則是為了達到財富的公平分配或經濟平等的目標而改變經濟制度以及由此制度所引申而出的社會諸關係。因此，社會主義革命事實上便越出了經濟範圍之外，而和政治革命、社會革命連在一起了。在這裡，它和民主革命之間發生了分歧。首先，民主革命所承認的祇限於社會主義消極意義的那一方面——反對資本主義私人壟斷，要求財富的公平分配或經濟平等。至於它的積極意義——消滅階級、財產國有化等等，則和民主革命的一般原則相衝突，而且在實踐中會一步步地導向極權主義。其次，社會主義如依照它本身的一貫原則而發展為全面革命時，在無形中便承認了經濟決定論。這樣，它便和民主革命形成了對峙的局面；從近代史的發展趨勢上看，這種革命也祇可能是極權運動。這還純是從理論上推衍出來的結論；事實上，蘇俄革命的結局已經給我們提供了強有力的證明。因之，分析到最後，社會主義僅僅在理論上包含著若干經濟革命的觀念而已，其本身並不構成一種革命的實體。

我們檢討近代經濟革命的來龍去脈，民主革命的另一根本糾結也無形中被我們解開了；經濟革命，正如政治革命一樣，並不是民主革命之全部或基礎，而是民主革命的一個方面。誠然，在近代文明中經濟的發展遠比政治或文化方面的進步為速；因而它的比重也顯得較為突出。正像桑巴特（W. Sombart）在他的《現代資本主義》裡所說的，在前資本主義的社會中，人們是從權力得到財富（權力的財富），而在資本主義經濟革命產生之後，人們則是從財富得到權力（財富的權力）。政治權力和經濟權力的此升彼降使人們發生了經濟決定一切的幻覺。因之，政治史觀也就讓位於經濟史觀了。其實，經濟史觀的錯誤和政治史觀正無二致，而它所造成的災害卻千百倍於後者。亞里士多德在兩千餘年前即已否定其時人認為革命係起於經濟原因的說法，殊足發人深省。根據前面的歷史觀察，我們已知經濟革命不是「生產工具變革」的結果；同時，經濟革命的本身也非政治與社會革命的酵母。關於資本主義革命的前因後果我們已略加研討；至於社會主義革命的本質，晚近西方歷史的發展也在事實上予以說明。依照社會主義的理論，西方工業先進國家如英、美、法等早便應該發生革命了（馬克思即曾作此預言），可是據史登堡氏的研究，這些國家的內部革命問題根本就不存在。蘇俄以及其他許多落後國家極權運動的成功不僅不足以證明「社會主義革命」的歷史必然性，而且還從反面否定了唯物史觀與經濟決定論。這許多淺近的史實都頗有助於我們對經濟革命真義的瞭解。

此外，共產黨人曾一再宣稱「社會主義革命」乃是「無產階級民主革命」。事實如何呢？正如過去的民主革命不屬於資產階級一樣，民主革命的未來發展也絕不可能祇是無產階級的事。關於階級鬥爭的問題，我們在後面將另有討論，這裡暫且從略（請參看第七章）。讀者倘能把握住上述的種種論證，這個謊言顯然是不難揭穿的。

毫無疑問，直到今天為止，經濟革命依然是民主革命中最迫切的一面。眼前世界上的大部分糾紛與混亂也未始不是由於經濟問題所引起。因之，經濟革命的前途自然是我們所最為關心的事。但是我個人對於經濟完全外行，未來經濟革命究當如何，我實不敢妄置一詞。這裡，我祇能指出我從歷史上觀察到的經濟革命所可能發展的趨勢，聊備經濟專家的參考。

資本主義與社會主義在概念上既可以抽象為經濟自由與經濟平等，而這兩個概念又都是屬於民主範疇之內的；那麼，問題的癥結便顯然不在此取彼捨，而是在於如何使此二者獲得協調了。自然，我不是說，資本主義和社會主義可以做機械的加或減；我的主要意思祇是想從根本精神上把二者化合為一。經濟自由和經濟平等都不應該是絕對的事；這兩種價值在一般的民主原則中常獲得協調，在經濟制度上則尤須相輔相成。馬基佛氏一方面認為民主與社會主義是兩回事，另一方面又說現在已沒有任何民主體制會支持純粹資本主義的理論。同時，他還指出，現在民主國家的經濟制度乃是一種「社會化的資本主義經濟制度」。馬氏雖沒有提出自由與平等的概念，事實上，他已畫出了未來經濟革命的大輪廓。這種新的經濟制度，近四、五十年來已逐漸在英、美各國建立起來。（參看拙著《近代文明的新趨勢》的最後一章）這一經濟革命不僅揚棄了資本主義與社會主義的所有弊病，而且還吸收了它兩者的一切優點。如果黑格爾的正、反、合之說果有其事，這倒是一個比較有趣的例證。祇有經過這樣一種新的經濟革命，對內才能解開資本主義與社會主義所造成的死結；對外才能與全面的民主革命求配合。政治革命是和其他各方面的革命分不開的，經濟革命也同樣不能作孤立的存在。法國大革命提出了「自由、平等、博愛」三大口號；這三大口號的次序是全面民主革命的一般指導原則，也是經濟革命歷程的最後依據。祇要自由與平等能夠獲得真正協調，集權與分權、個人與社會……等等矛盾問題也就會很自然地迎刃而解了。

根據上述原則，經濟革命也許還會在完成其本身的歷史使命之外，更進一步地促進民主革命的全面發展！

第六章

論文化革命

「文化革命」一詞，自「五四」運動以來，已成為中國人的口頭禪了。那時，我們的革命目標集中於兩點：一是政治革命——即是所謂「民主」，一是文化革命——即是所謂「科學」。但是，首先必須說明，此所謂「科學」絕非「中學為體，西學為用」時代的「格致」之學的內涵所能包括；換言之，它並不是僅指著西方的實用科學而言，而是意味著整個的西方近代文化之精神。因此，我們當時所追求的「科學」，便包括了「全盤西化」、「用科學方法整理國故」等等問題。「文化」實有廣狹二義，可是人們在應用它的時候，卻往往忽略了其中的差異。廣義的文化（亦稱文明）是可以概括到一個民族或國家的整體的生活精神，向來治文化史者大致都屬於廣義文化的範疇；狹義的文化則祇是指著學術思想等社會的精神面而言，我們日常習用的「文化」一詞便屬於此一範疇之內。而現在我們所要討論的文化與革命也正是從後者著眼的。

現在大家都承認文化應當指導政治的說法。甚至唯物主義的共產黨人也是一樣。馬克思早就說過哲學家應改變世界的話，又說「理論一旦掌執了群眾便會成為物質的力量」。列寧更明白地指出：「沒有革命的理論，便沒有革命的運動。」爾衛克（G. J. Urwick）在其 *Philosophy of Social Progress* 中也承認：「有時一種新思想發生意外的強大勢力，許多人都來歡迎它，使它變為他們自己的思想。於是它就成了一種新運動或新政策的導火線。」此外如梁任公早年也曾有「文字收功日，全球革命潮」的詩句。所有這些話都在指陳文化對社會的指導作用。這種指導，在社會變革期間表現得尤為顯著。穆勒氏已說明政治革命不僅是導源於文化革命，而且還是文化革命的結果。布哈林氏則以為革命須經過四個階段：一、文化革命，二、政治革命，三、經濟革命，四、技術革命。這四個階段是一個跟著一個的。這種革命程序固然不足信，但文化革命發生在先卻是事實。費拉利氏也認為革命的最初階段乃是前驅思想家們在文化上除舊布新的努力。基於此種文化革命的成就，政治革命方始到來；行動的革命分子遂起而推翻現存的社會秩序，並根據前驅思想家所倡導的觀念去創造新的社會。邵可侶則說：「社會的外形要隨內部的思想而改變：任何歷史事實都沒有這個準確。是樹液製造樹，給它以綠葉與花果；是血決定人；是思想構成社會。沒有一個保守者不哭訴思想凡俗與人類深刻生活所依據的一切，自『美善的古時』以來，逐漸改變了。適應的社會體制也一定會改變。革命就因智慧的內部工作而日益接近。」據法國名政論家吐克威爾告訴我們：法國在革命之前，革命思想已傳布得很廣泛：鄉村牧師的小教堂裡都有百科全書（按：即狄德羅〔Diderot〕、達倫伯〔D' Alembert〕諸人所纂集的百科全書）；在聖路易（St. Louis）的小鄉村裡也有許多提倡新思想的書籍；甚至法國宮庭本身也染上了新思想的色彩。

但這些還都是理論的和個別事件的說明，究竟文化革命與社會變遷之間存在著怎樣一種普遍的聯繫呢？這裡請容許我徵引若干歷史的例證來加以說明。

我們都知道古希臘文化中最早存在著思想自由和民主體制。希臘的哲學萌芽於紀元前六世紀；到了五世紀（紀元前）時，希臘思想已發展得非常蓬勃。同時，雅典由於波斯戰爭（紀元前五〇〇—四四九年）的結果而躍為海上霸主。經濟的繁榮確也為雅典的民主體制鋪好了基礎。但人們通常祇瞭解雅典民主的經濟因素；卻很少有人注意它的文化背景。

早在希臘的古詩歌中，以及赫西奧（Hesiod）、荷馬（Homer）的詩中即已表現出濃厚的個人自由主義的色彩。紀元前五世紀初的哲學家普洛塔哥拉士（Protagoras）已發為「人是一切事物的尺度」的思想，可見其時人文思想是如何的成熟了。因此美國的 Thilly 教授在他的《西洋哲學史》中闡釋希臘的哲學觀念時，說道：「希臘哲學開始是研究客觀世界之本質，其始大半注意於外界的自然，迨後漸漸地轉其眼光於人類的本身，所謂人文主義的（Humanistic）是也。」（中譯本頁六）最早的希臘哲學是自然主義的，到了詭辯學派（Sophist）（紀元前五世紀）便把哲學從天上移到人間。學問的對象乃是「人」了，並且他們所注重的還不是群體的人類，而是獨特的個人呢！雅典民主的最輝煌階段乃在大政治家伯里克利斯領導之下的一段期間；這也正是雅典的哲學、文學、藝術等所最發達的年代。伯氏本人即是一位淵博的學者，他那著名的〈葬禮演說〉至今猶被奉為民主主義的精華；他如安那薩哥拉斯（Anaxagoras）、沙浮克利斯（Sophocles）、蘇格拉底（Socrates）諸人也都產生在這一時代。所以，伯氏說雅典是希臘的學府。總之，希臘的思想自由和人文觀念先於她的民主體制而出現；而且，思想自由最高潮的時代也就是民主體制最光輝的歲月，這二者的關係不是太明顯了嗎？

歷史發展到近代這兩者的關係也愈趨密切：文化革命和政治革命、社會革命更分不開了；而政治革命、社會革命也更不可避免地為文化革命所指導了，近代民主主義始於文藝復興；文藝復興正是一種啟蒙性的文化運動。緊接著而來的則是一個更普遍、更深入的文化革命——宗教革命。這兩大革命運動不僅在時間上是銜接，在精神上也是一貫的：文藝復興喚醒了少數智識分子的個人主義的自覺心，使他們不再侷促於神學的教條桎梏之中；宗教革命更將這種個人主義的精神擴張到每個人的身上，人人都要求自己的精神直接與上帝相往來，並根據自己的判斷來解釋聖經，而不必通過教會的壟斷。馬丁路德的著名小冊子《論基督教人的自由》（*On the Freedom of a Christian Man*），其主旨便在闡發此一觀念。宗教革命使得中古傳統的教條主義的神學起了根本的動搖，這真是一個驚天動地的大變革。但社會變動是相互牽制的，因此，文化革命也就自然會激起政治、經濟各方面的動盪。文藝復興的影響已不僅止於文化範疇之內。盡人皆知：科學的興起是文藝復興的特徵之一。哥白尼的天文學取托勒麥的體系而代之，實是科學界最大的革命。托氏的地球中心說與《聖經》上的宇宙論相吻合，故十六世紀以前，一直被尊奉為神聖的教條；哥白尼的太陽中心說一出，一方面固然影響了整個科學界；另一方面也動搖了《聖經》的尊嚴與真實性，這一點在當時實具有更重要的意義。由於科學的發展，地理學、地圖學也有了許多重要的改進。於是新的航路被發現了，工商業由此而日趨繁榮，終於促成資本主義的成長。這些史實告訴了我們文化革命如何推進經濟革命的真相。惟文藝復興在聲勢上並不若宗教革命的顯赫；它在當時的影響也不及宗教革命來得直接而具體。因而，宗教革命與政治、經濟革命的關係也更為顯然。首先，我們都清楚，德國的宗教革命便夾雜了許多政治與經濟的因素。德國在十六世紀初葉是一個四分五裂、而又不獨立的國家；教會的權力復凌駕乎王權之上。因此，德國人民一致要求國家統一與政治民主。就文化革命的意義而言，宗教革命固然是目的；但就政治革命的意義言之，它同時又成為手段了。另一方面，由於教會經常大批地將財富運往羅馬，遂使德國資本主義的經濟發展瀕於絕境。是以，為了經濟革命，德人也不得不發動宗教革命。及宗教革命的浪潮泛濫開去，歐洲各國也都激起了同樣的運動。但各國國王在反教皇的鬥爭上雖和全國人民站在一起，惟等到國教建立之後，他們因要靠國教來支持王權，遂轉而強迫人們都得信仰它。所以宗教革命的後期便演變成「不從國教運動」（有人並認為此一運動為近代政治的民主革命的開端）。後來英國還有許多不從國教者（dissenters）為了宗教的信仰而移居美洲。這些史實共同說明了一個真理：文化革命與其他方面的革命原是緊密地關聯著；而且，正如穆勒和費拉利兩氏所說的，全面的社會變革是從文化革命開始，這種情形在中國也是一樣。鴉片戰爭以後，有識之士就一直在摸索著文化革命的正確途徑。康、梁在戊戌政變之前，便在思想上下了很大的功夫，他們假託孔子的學說，而發揮其改良政治的主張。孫中山「知難行易」之說也正是因為悟到文化與革命的密切關係所獲致的結論，他的《三民主義》一書便是他在文化革命上努力的成就。「五四」運動中文化革命與政治社會革命的結合是很顯然的；它對中國社會的影響也早有定論。然而，這一連串的革新運動都沒有成功；並且從表面上看，還越來越糟，這又是什麼緣故呢？其實道理很簡單，原因也很明顯：我們在文化革命上的努力依然太少，方向的掌握也不夠正確。由此可見，如果文化革命的基礎舖得不好，民主革命的全面完成也未免希望渺茫呢！

從上面的史實看來，文化革命推動並指導政治社會革命已是不容懷疑的真理。社會全面革命的方向總是由文化革命開拓出來的。但這並不是說，一切革命都是從文化革命中產生的；更不是說，歷史的發展完全為文化因素所決定。牟塞爾也認為革命思想雖比組織重要，但卻不能創造出組織。其實如果做進一步的分析，我們將會發現：文化革命同時也有其政治、經濟、以至社會的種種原因。而且，文化革命的完成更離不開政治革命的保障。理由很簡單，無論是中古的教會、近代專制國家或現代的極權政體，文化的統制與迫害必然得通過政治權力。這番道理很明顯：羅素氏曾指出，巴比侖數學發展的中止是它的社會制度僵化的結果；同時他還預言，如果蘇俄政府能夠持續三千年之久的話，在這期間它是不會有新思想產生的。人們都知道基督教是中古時代的文化統治力量；但這顯然是它躍登羅馬國教以後的事。文化專制之所以可能，實是政教合一的結果。到了近代極權國家，文化隸屬政治的事實則更為明顯，所有這些都說明文化專制在實踐中乃是政治專制；而同時，政治是否專制，文化狀態也常常是一項重要的鑑別標準。在近代民主革命的歷程中，政教分離之為一極端重要與根本的項目，其原因即在於此。誠然，新思想的傳播常常先於政治革命而出現；並且，政治革命也深受這些新思想的推動。然而，我們不能忽略另一更重要的革命，鼓吹革命的新思想最初總是受壓制與摧殘的。而文化革命卻不能永遠處在非法的狀態之下；何況文化革命的目標正是在於獲得最大限度的思想自由和容忍呢，所以牟塞爾氏也說革命思想不能作長期的孤立；它必須進入群眾之中，化為物質的力量。換句話說，文化革命也同樣是離不開政治的支持的——在這裡，文化革命和政治革命的合一性已經很明白地顯露出來了。因此，政治革命的成就自然也就是文化革命的成就；政治革命邁進一步，文化革命也無疑會隨之昇進一層。同理，經濟革命與社會革命也一樣有助於文化革命的進展，不過程度上也許不及政治革命那樣深遠罷了。

討論過文化革命與其他各方面革命的相互關係與影響之後，我們顯然應該更進一步對文化革命的本質及其涵義加以分析。從文化革命與其他革命的關係上著眼，我們祇看到文化革命的一方面意義——它在全面民主革命中的作用。至於它本身究有什麼意義，我們則無從窺其全豹。我們的看法，文化革命不能祇是一個過渡到其他革命的橋樑，而應該有其獨特的意義。前面我們對於文化的主導性已反覆地加以檢討；文化既是社會發展的指標，文化程度的提高顯然便會推動社會的全面進步。

這裡，我們看到了文化革命的獨立性。一般的瞭解，文化革命是起於思想的「定於一」，統治者的教條束縛著人類智慧的自由而多端的發展。因此，人們通常認為文化革命祇在於求致思想自由。不錯，從近代史上看，思想自由確是文化革命的重要目標，也是文化革命的顯著成果。但是，如果我們做深一層的分析，問題似乎又不如此簡單。思想自由的本身並不是積極性的創造，也不表現一種最高的文化價值。它顯然祇是文化創造的條件。我們所以追求思想自由，乃是因為它使得真理的層出不窮成為可能；而此種文化的不斷推陳出新最後又使人類文明得以無限昇進。但真理是多方面的，人類追求真理的方法與方式也是多元的；因之，這種文化的多端發展亦須以思想自由為前提。所以，追溯到終極，無論從那一方面說，文化革命的最大意義都是在於求致文化自身的自由發展與逐步上升。我們必須首先肯定這一點，然後思想自由方始有意義可言。

我們常自詡為「萬物之靈」，而此所謂「靈」的最高表現正在於文化。因之，文化可以說是人類恃以與禽獸相區別的唯一依據。文化革命，就此種意義言，則是人類對於其創造文明的根本精神之一種反省、批判、揚棄與超越的過程。遠稽希臘、近察現代，每一次文化革命的展開必帶來一次文明的再造與更新；而每一次文化運動的失敗也同樣產生一次文明的危機。今天，在極權制度之下，思想自由已被剝奪盡矣。人類智慧遭遇了空前未有的桎梏，如果鑑往可以知來，則一個新的文化革命是會應運而產生的。我們應該怎樣在真理的新的啟示之下去重新改造文明，並把文明向前推進一步呢？我希望這篇短論可以幫助關心這個問題的讀者做更深入的思考。

第七章

論社會革命

社會革命是現代很流行的時髦名詞，但是正如文化革命一樣，人們很少能夠瞭解它的真義何在。廣義的說，社會革命是指著整個社會的變革而言的，由於一般人又誤把革命一事解釋為流血鬥爭，因此，社會革命遂往往成了政治革命的同義語了。狹義的說，社會革命是人民生活方式的改革，其中包括著歷史傳統，和生活習俗等等。因此，美國社會學家凱倫（Horace M. Kallen）在其《進步的類型》

（*Patterns of Progress*）中稱社會革命為社會的全部再塑（complete repatterning），他的真正意思也就是指著社會生活的改造而言的。在近代學術專門化的過程中，社會學之外復有民俗學之興起；歐美的歷史學者和社會學者們專門歡喜到處調查民間的各種風俗習慣，這正表示他們對社會問題的重視。其實，許多社會問題並不像激烈的革命主義者所設想的那麼簡單；以為祇要一旦政治革命獲得成功，它們便可以迎刃而解。政治祇是一種形式的和部分的改變，它絕不能夠必然保證，雖然它的成功確是大大有利於社會問題的解決。

自十八世紀美、法民主革命以來，有一種社會革命的觀念已在人們的心靈中根深蒂固地成長起來了，那便是所謂「人是生而平等的」。人們怎樣才算是平等呢？傳統的看法是把這一問題的癥結歸之於社會階級。顯然，即使我們沒有任何歷史與社會知識，顧名思義亦可知階級一詞的本身便涵攝了不平等的意義。反民主風俗、習慣、觀念……等並不是空洞的民主口號所能夠解決的，因為維護這些東西的人正是多數而不是少數的社會成員。怎樣才能徹底掃除舊有的傳統呢？歷來的民主革命者都認為該從消滅社會的階級歧異著手。在他們看來，舊的反民主傳統是淵源於社會不平等的客觀存在的，如果這個根基被剷除了，其他一切祇不過是餘事而已。例如中國傳統的重男輕女，以及種種侮辱女性的觀念都是從中國男女不平等這種事實上產生的；但是自「五四」運動以來，婦女的地位逐漸提高了。而現在一般稍受過教育的人也很少還像舊知識分子那樣鄙視女性了。這種看法是可以解決若干社會問題的，於是社會革命的觀念最後便完全集中到階級問題的上面。在這裡，新的困難問題又呈現在我們的眼前：什麼才是嚴格的階級呢？這是一個人人熟悉的問題，但似乎很少思想家對它做過縝密的思考和滿意的解答。一句話，階級的概念在絕大多數人的心目中依然是模糊的。

如所周知，共產黨人是最愛講階級的，他們所有的理論體系幾乎全部建築在「階級論」的基礎之上。現在讓我們分析一下：他們所謂的階級的真義是些什麼？

列寧的階級定義是：「幾個大的人群集團，它們在歷史上一定的社會生產體系中所居的地位各不相同，它們對於生產手段的關係，它們在社會勞動組織中的作用，因而它們取得社會財富底份額之方式和大小亦各不相同——這些人群集團就稱為階級，階級就是這樣的人群集團。」（《列寧全集》第十六卷：〈偉大的開端〉）很顯然的，列寧所謂的階級完全是從經濟觀點上著眼的。馬克思在其《資本論》第三卷的最後一章（〈諸階級〉）中也指出了階級問題。但這一章不幸沒有完稿。就這點斷簡殘篇來說，他所謂的階級也同樣是經濟的階級——如所謂「工資勞動者、資本家、土地所有者……是近代社會的三大階級」。人們在經濟上的差異是最為具體的，富與窮的區別一望即知。以財產之多寡與生產手段之有無作為劃分階級的標準並不是從馬克思開始的，更不止於某一家一派。差不多從遠古的時代開始，人們便持有這樣的見解。即使在近代民主理論家的心目中，階級與財富依然有著不可分割的關係。這種劃分是否恰當呢？解答這個問題不能不顧到時間與空間的差異，不能不具有歷史進化的眼光。人類文明的演進原是一點一滴的累積起來的，適用於古代社會的原則，並不一定還能符合於現代的社會；不然，我們何以敢用民主政治否定君主專制，以文化自由否定思想統制呢？如果幾千年來社會階級祇有形式的改變，而無實質的進步的話，文明的意義又在何處呢？以下我們要根據史實簡單地追溯一下階級制度演進的真相。

在古代奴隸社會中，奴隸確是「能言的工具」；他們沒有任何權利可言，在各方面——政治、經濟、社會、文化——都是被統治被奴役的人。因此——如果我們說奴隸是經濟上的被統治者，事實上也就含有他們是社會上的賤者之意。我曾一再說過，社會原是一有機體，所謂政治、經濟等等的劃分祇是人為的；不過這種分別越在古代越不明顯，遠古的社會多是一元的，政治上的統治者也就是經濟、文化、社會上的統治者，這種統治是絕對的，而社會上兩大階級的鴻溝也是涇渭分明。即以古代的雅典來說，雅典的民主是後世所稱道的，然而她的民主卻建築在奴隸的基礎之上；一切政治、經濟、文化、社會的權利，對於奴隸主的階級確是民主的，但奴隸們卻不可能有分享民主的機會。大哲人如柏拉圖、亞里士多德之流也沒有為被壓榨、被剝削的奴隸做過正義的呼籲。從這裡我們可以看出，就古代的情形而言，經濟上或政治上的階級界線確是同樣適用於社會上的階級分野的。

隨著文明的昇進，這種原來是必然的階級關係，逐漸減退了它的必然性。在中古封建社會裡，這種階級關係開始轉化了，政治上名為國王的最高領主並沒有足以支持其政治地位的經濟權力，因此後來國王直接與城市工商業者（第三階級）打成一片；王權之興起與夫民族國家之形成，一部分顯然是此種階級關係的產兒。中古的文化統治者是教會，而教權與王權之間又存在著很多的矛盾與衝突。至於說到最下層的奴隸階級，這時也獲得部分的解放。從毫無任何自由和權利的奴隸制演化到一部分身體解放的農奴制，實是一巨大的社會進步。農奴不僅不能隨意買賣，而且他們還可保有若干私產——小量土地、牲口等。他們如果想獲得完全的自由也有兩條路可走：一是逃到城市中去，過了若干時期便正式成為自由人；另一是用錢向封建主贖身。但是我們不要誤會，以為封建時代社會上祇有領主與農奴兩大階級；其實在這兩種階級以外，還存在著城市的自由居民和一小部分完全自由獨立的小農。依據馬克思和恩格斯的看法，城市自由居民便是從農奴中解放出來的，最後卒發展為有錢有勢的中產階級。中古的社會狀況告訴我們說：人類文明程度提高了一層，社會階級的關係也就跟著交錯複雜化了一層；社會已從絕對的不平等之路向前邁進一步。

從封建社會進步到近代社會的過程中，階級關係又進入了一個新的領域。十四到十六世紀期間，西歐的農奴大致上已獲得解放。而同時，農民們也一再為了取得社會上的平等地位而掀起了革命的狂潮；（法國、英國和後來的德國的農民革命皆是。）雖然這些革命最後都失敗了，可是它卻為以後的民主革命打好了基礎。我曾指出，在民主革命的陣營中，農民依然是主要群眾，因他們與資產階級在當時是同屬於第三階級的。在工業革命尚未發展成熟之前，資本家與農民、工人之間的階級意識是很模糊的，他們祇有一個共同願望：為民主而革命。他們在經濟上雖然是敵對的階級，但在爭取社會平等這一點上卻相當一致！民主政治的發展使得政治權力不可能集中在某一個階級的手中。中產階級雖然已經是經濟上的統治者，但它並未立刻躍登政治的統治者的寶座。我們知道，十六、十七世紀時有許多愛真理甚於生命的科學家如布魯諾（Bruno）、伽里略（Galileo）之流為了維護他們的信仰而不惜忍受教會的任何迫害。這種文化上的革命也和資產階級沒有什麼必然關係的。智識分子愈到近代便愈具有獨立性，說他們一定得屬於某一階級，或為某一階級服務卻和實際情形相去甚遠。撇開經濟方面不談，其他社會階級的鴻溝的確已被民主主義填平了不少，雖然它仍未達到完美的境地。「人是生而平等的」、「法律面前人人平等」，這些話絕不祇是一句空話。數百年來的西方民主革命早已使平等的精神在人們的社會生活中逐漸發芽滋長了起來。當然，廣義的所謂社會是包括了政治、經濟、文化等等的；從這一方面看，目前西方的社會顯然還未臻理想；不過我們這裡所謂的社會是狹義的，也就是指著政治、經濟、文化以外的社會狀況而言的，它表現在一般人們日常的生活習俗之中。在過去，特別在中國社會上，政治或經濟上的貴賤或貧富，是構成社會階級的重要成分。一個政治上的顯要告老回鄉之後，總是受到該地一般人的尊敬的，而一般人在心理上也自己覺得比富貴的人要卑下些。現在，階級意識最濃厚的國家要算印度了。印度的社會階級至今還極其森嚴，不可觸的階級（the untouchable）在上層階級的面前很自然地便有自卑疙瘩（inferiority complex）。這是數千年的社會不平等所造成的結果，實無從於一朝一夕消除乾淨的。但是在近代的西方社會中，這種觀念已經消失了，工人、農人儘管在經濟上或政治上比不上資本家和官吏，他們卻不會因而感到自卑的；政治、經濟或文化的階級分野根本無法適用於社會方面。我們最多祇能說西方人仍有經濟與政治上的階級區別，而不能說它有社會階級的存在（由於義務教育的普遍推行，文化方面的智識階級與文盲階級也已達到了消失的邊緣）。目前西方社會中唯一的不平等之處便是種族歧視，白種人對於有色人種所持的偏見，依然是阻礙徹底的社會民主化的重要障礙，也是自由世界反極權革命大團結的絆腳石！

從以上的分析中，我們當可發現，階級關係的發展，正如文明的昇進一樣，也是由簡趨繁，從一元到多元的。不僅此也，歷史每跨進一階段，無論那一方面的階級距離，便也隨之縮短了一段。就我們所知，在今天西方民主國家中，社會階級和文化階級事實上已經沒有了，政治階級由於有了民主體制作保障，也祇有形式上的治者與被治者的分野；剩下來的似乎還有經濟方面的階級鴻溝未能填平，惟察諸近數十年來英、美種種社會化的經濟措施，倘假以時日，這個問題的解決也應是不成問題的事（參看《近代文明的新趨勢》的最後一章）。

問題討論到這裡，共產黨人階級理論的錯誤已經很明顯地呈露在我們的眼前了：經濟的階級根本不能成為劃分社會階級的依據。我們不能以經濟的不平等否定社會的平等，正如不能以經濟的不民主否定政治的民主一樣。然而真正的危機並不在於共產黨階級理論對我們的影響，稍稍讀過世界歷史的人是不容易為它所迷惑的。那麼我們的危機究在何處呢？這在於一般民主理論家也竟以經濟的狀況為社會階級的基礎。如瓊斯在論社會民主（social democracy）時便特別著重它和工業的關係，以及資本家與勞動僱傭者的階級問題。混經濟階級與社會階級為一談，不僅不能加速民主革命的進程，反而會把時間拖得更長些呢！

在上面，我對於階級問題提出了一個新穎的看法，這看法是否適當呢？如果我們肯仔細研究一下階級的歷史發展，特別是近數百年來西方社會階級的演變，我想從幾方面來劃分階級確比把階級死死地束縛於經濟制度上來得正確些和真實些。說到這裡我們不能不先檢討一下什麼是社會平等的真義；也就是說，階級的分野究竟怎樣才算消除了。因為就我們目前的現實社會來說，政治、經濟、文化、社會各方面的階級區別多少還是存在著的。西方有些民主國家中，在政治、文化、社會上雖已極力做到無大差異的地步，可是由於經濟的不平等，其他各方面的平等自然也不免要為之失色。從形式上看，政治上的在朝與在野；經濟上的財富多寡；文化上的知識高低；以及社會上的貴與賤等等差異似乎是自古而然，一成不變的。而這些形式，無論社會如何進步，也都不可能完全消除；那麼，真正平等的社會豈不永遠追求不到了嗎？其實，祇要我們換一個角度來看問題，即從性質上與內容上來觀察，即可知道，外在的不平等，並不必然意味著實際的不平等；因此，孫中山先生也以立足點的平等才是真正的社會平等。文明程度愈高，社會分工亦愈繁；加之，人類的智慧有高低之分，勤奮有程度的不同，種種客觀與主觀的因素既都無法一致，我們如何能夠要求所有的人都做同樣的工作，受同樣的待遇呢？絕對平等主義，實際上乃是不平等的另一形態，它在蘇聯實驗失敗的一段歷史永遠值得我們深思熟慮的。因此，從實質上看，社會平等乃是屬於精神上和意識上的。我們判斷一個社會是否真的平等，所根據的標準絕不是看一位官員是否和一位苦力的客觀條件完全平等，而是看主觀上，這兩個人之間是否存在著高低、貴賤的意識。但是讀者們千萬不要誤解，以為我是說社會的不平等祇是存在於人們的心頭。不是這樣，我絕不抹煞社會制度不合理對於構成階級區別的決定性的影響；奴隸制、農奴制如果不予以推翻，主奴之間的鴻溝當然是無法填平的。不過僅僅從制度上著手，並不必然能保障社會平等的建立；因為任何制度都是人創的，因此都不是、也不可能是完美無缺的。祇要當權者認為必要的話，他們隨時可以破壞任何合理的制度，或在制度的空隙處玩弄一切可能的弊端。所以歸根結底，我們還得注重社會心理改造的重要性，這一點後面當另有論列。

就我個人所知，依據一般民主原則所建立起來的社會制度，確是比較能夠保證平等精神的存在的，祇要我們再做更多的主觀努力，階級意識的消滅並不是一件難事。事實證明，在中產階級、農民和城市無產者聯合進行民主革命的那一段期間，他們之間的階級意識幾乎已完全不存在了。因此，法國的烏托邦社會主義大師聖西門（St. Simon）便將資本家和工人歸於一個階級之內——工業者階級（industrialist class）。在近代這種複雜結構的社會中，分工顯然是不可避免的事；不過民主的社會分工祇有工作性質的差異，而無人格高低的區別。每個工人的人格尊嚴都該同樣地受到尊重，絕不應受他的社會地位的限制與影響。此外，一切公民的權利——政治的、文化教育的、經濟的——也得公平地分配給所有的社會成員。在這裡，我們顯然又進一層地瞭解到，社會平等是不能和政治民主、經濟公平、文化自由等等脫離關係的。儘管像今天若干西方民主國家一樣，社會方面已經做到精神平等的地步，可是，如果這些國家中的經濟制度依然繼續保持其不公平的狀態，而不求革新，那麼，社會的平等也是不可能長久存在的。原因何在呢？我在前面已經說過，客觀的社會制度對於保障實際的平等是有其不可缺少的功用的。同理，政治民主、文化自由也不可或缺。譬如中國傳統社會中，由於宗法制度的關係，森嚴的階級是沒有的，階級意識亦多為宗親的意識所沖淡；然而，傳統的中國政治卻是不民主的，因之，真正精神平等的社會在中國也從未出現過。從以上簡短的檢討中，我們已可以知道社會平等的真義是什麼了；我們更應該瞭然，僅從外在的形式上來解決階級的歧異是一條走不通的路。同時，社會本身的平等固然重要，而它與其他社會制度的關係尤值得我們的重視。

階級問題是社會革命的核心問題，我們對於階級的看法既已迥異於傳統的觀念；當然，我們所要走的社會革命的道路也就無法盡同於往昔了。我已指出，某些進步的民主理論家仍不免以經濟的階級為社會階級的劃分標準，共產主義者更進而鼓吹其階級鬥爭的社會進化觀。社會的進化是否真的是鬥爭之賜呢？在今天，這個問題是特別值得我們重新考慮一番的。

《共產黨宣言》的開場第一段便極武斷地說道：「一切至今存在過的社會底歷史是階級鬥爭底歷史。自由民與奴隸、貴族與平民、地主與農奴、行東與傭工，簡單說，壓迫者與被壓迫者，總是處在彼此的永久對抗中，進行不間斷的，有時隱藏，有時公開的鬥爭，這種鬥爭永遠是以整個社會建築底革命改造，或者戰鬥的各階級底共同滅亡為其結局。」這是人類歷史演進的真相嗎？還是馬克思杜撰的謊言呢？在解答這些問題之前，我們得弄清楚，共產黨人所指的階級鬥爭的具體內容是什麼。

列寧已將階級界說為純經濟性的；照前面馬克思所列舉的「自由民與奴隸、貴族與平民、地主與農奴、行東與傭工」等等敵對階級來說，也多是屬於一些經濟利益相衝突的人群。那麼，階級鬥爭是不是僅止於經濟範圍之內呢？絕非如此。馬氏在別處便說過：「階級鬥爭是不可避免的。無產階級不得不經過十五年、二十年，以至五十年的國內及國外戰爭來改變關係，而且還要來改變自己能夠獲得政治的統治。」列寧也一再強調政權在整個階級鬥爭中的重要性。米丁（Mark Borisovich Mitin）在《歷史唯物論》一書中對於這個問題曾有很明白的答案，他說：「社會階級……的附帶徵誌，首先就是政治的徵誌。……假如我們不估計到階級的這一標徵的話，那麼我們就容易陷於純『經濟主義』的立場，我們就不會瞭解各種社會鬥爭形式的意義，經濟鬥爭之轉變為政治鬥爭，以及階級國家和階級法律在這種鬥爭中的作用。」所有這些話說明了一種事實，即共產黨人所謂的階級鬥爭，在理論上，主要是指著經濟和政治方面而言的。不過思想上的鬥爭也是他們所經常採取的鬥爭形態之一。人類何以要鬥爭呢？他們認為是由於階級利益相衝突的結果。而且，階級鬥爭在他們看來還是無所不在的；社會上一切事物都是有階級性的。本來就歷史發展的真相來說，人類社會自古而來確即存在著歧異、衝突和鬥爭的一面。我們固不能因為厭惡和痛恨它而否認此種事實。同時，社會鬥爭的學說也並不是馬克思的新發明，十八世紀末到十九世紀以來，不少社會思想家已一再闡發過此一觀念。馬克思的錯誤則在於過分誇大了社會鬥爭的一面，而無視於人類團結的一面；這也就是說，他祇看到了部分的社會利益，沒有看到整體的社會利益。在這一點上，馬氏的大弟子，民主社會主義大師考茨基氏（Karl Kautsky）便有了比較正確的認識。考氏在《階級利益論》一書中，曾說過：「任何社會中各種現存階級利益的總和還不是它裡面所有的一切社會利益的總和。藝術、科學的利益，以及兩性的利益，都往往不是階級利益。」另一第二國際的理論家孔諾夫氏也認為：「假如社會沒有某種秩序，社會中的共同生活和行動就變成不可能。」這些話確是客觀的平心之論，人類之所以自動地組合成為社會，其中自必有一更崇高、更偉大的共同利益（包括物質與精神兩方面）作為維繫他們的中心力量。盧梭的社會契約說之所以會贏得許多人的信仰，還不是因為它道破了這一要點嗎？文明的價值並不在於衝突與鬥爭，而是在於憑著理性的光輝，在衝突、鬥爭之中尋出一條和諧發展的大道。而民主主義的真精神也並不是否定而是調解衝突與鬥爭呢！

我們既弄清楚了共產黨人心目中的所謂階級鬥爭，我們當可看出他們是如何不懂得社會革命了。在他們所劃分的階級中，祇存在著政治、經濟和某種意義上的文化的階級，他們根本不知道在此三種階級分野之外，還有一種精神上、心理上的社會階級的分野。誠然社會階級與其他方面的階級的關係是密不可分的，可是它的獨立性亦絕不容我們忽視。其他方面的階級不消除，社會階級固亦不易根絕，然而，倘若我們僅僅注重其他方面的革命，而不瞭解社會革命的重要意義，那麼平等的社會也還是不會來到人間的。

政治與經濟的階級是非常具體的存在，是以，經濟與政治制度的變革也是有形的；這種變革有時須採取流血鬥爭的方式，但有時也可以和平演進的方式達到目的，這完全得看歷史背景而定。嚴格地說，祇有政治階級的改變才可能（但也不必然）是流血的和鬥爭的。經濟制度的革命在過去的歷史上一直是無形的。馬克思曾明白地說過：「現代資產階級本身是發展底長久過程的產物，是生產方式與交換方式多次變革的產物。」（《共產黨宣言》）資產階級又是從那裡產生的呢？「從中世紀農奴中產生了最早城市的自由居民；從這個市民等級中發展了資產階級的最初分子」（同上）。問題還不清楚嗎？資本主義的經濟制度便是一點一滴地成長起來的；而資產階級也是從農奴階級中和平轉化出來的。其實，在資本主義發芽滋長的時候，社會上不僅沒有階級鬥爭，反而到處充滿了階級合作的！

政治上的革命雖多表現為流血的階級鬥爭，但事實亦不盡然。英國民主政治的成長便給我們提供了一個最好的例證。真正以暴力來改變政治與經濟的階級關係的倒是最近三、四十年來所興起的極權主義者。以「階級鬥爭」起家的共產黨人，在「消滅階級」、「社會主義」等等美好的名詞的掩飾之下，集政治、經濟、文化等等統治大權於一身；一句話，他們要把階級關係恢復到古代一元化的狀態。用馬克思的話說，便是「它把階級矛盾簡單化了。社會愈益分成為兩大敵對的營壘，兩大彼此對立的階級」。他們不遺餘力地消滅一切分散在社會各個角落的大小權威，其目的卻祇是造成自身的至高無上的絕對性的唯一權威。共產黨人的階級觀及其階級鬥爭說既如此偏狹而錯誤，而他們的最終目的——階級關係一元化，又如此地違反社會進化的原則，我們怎能幻想「社會主義革命」對社會平等的創建會有任何實質的貢獻呢？

社會階級的獨立性是一般人所忽視了的。而察諸社會階級的演進歷史，我們實在找不出其中有什麼鬥爭的跡象。尊貴卑賤的階級意識，以及環繞此種階級關係而產生的種種風俗習慣、傳統觀念，都是絕對無法用階級鬥爭的方式予以肅清的。並且，階級鬥爭的本身便祇是一種部分的、暫時的、變態的歷史現象。它不能說明社會進化的真相，更不足以解釋人類文明的全部成就。社會革命是民主革命中迫切而不容忽視的一面，但鬥爭之路是走不通的；一般人心目中對這一概念的模糊感更有害於社會平等的實現。怎樣完成這一方面的革命呢？下面我們將有簡單的敘述。

「破山中賊易，破心中賊難」本是中國傳統智識分子個人修養的座右銘，但是我們如果將它的涵義擴而大之，卻正道破了社會革命的真諦。基於上面對社會平等的問題的種種討論，我們顯然可以看出，社會革命是偏重於精神上、心理上的。社會能不能從不民主、不平等的狀態中變成民主、平等的人間天堂，主要的癥結乃繫於社會心理革命的成敗。孫中山說「革命必先革心」便就是這個意思。吐克威爾在他的《舊制與革命》（*Ancient Regime and the Revolution*）裡說過一段話：「隨著我的研究的進行，我奇怪竟隨時發現我們今天在法國所遇見的許多特色。我發現了大量的情緒，這些情緒我想都曾是革命的泉源，同時還有千百種習慣則是革命所產生的。」這正是社會革命最好的說明。邵可侶說得更透闢，他說：「所以單誦『民之聲即神之聲』（Vox Populi Vox Dei）的舊格言是不夠的，單執隨風飄舞的戰旗，口中喊著鬥爭的口號是無補於事的。……在伸展筋肉，使改革成為歷史的現象之前，先須完成頭腦與人心的改革。對進步的革命說是如此，對退步的革命或反革命說也是如此。」

不過，首先必須說明，我所說的心理革命是和共產黨人所謂的思想改造大相逕庭的。心理革命祇是革除那些存在於一般人民心頭的反民主或不民主的傳統觀念、風俗習慣而已（主要地包括階級、男女、職業種種不平等的意識），這個改革是將建築在每個人的自覺要求的基礎之上的。思想改造則不同，它是共產黨人強迫人們改信馬列主義的一種文化奴役。人們對此沒有任何自覺的要求，反而深感「無所逃於天地之間」之苦。祇要稍有理性的人便會知道，以極權教條來桎梏人民的思想，不但不能有助於社會革命的進展，顯然更構成了社會革命的最主要的障礙。

社會革命既要從心理革命開始，它的緩慢性也就顯而易見了，要在一夜之間完成社會的民主革命，其實乃是一種有害的幻想。洛克曾有一段話最足以說明社會革命的長期性與困難：「人民並不像我們所設想的那樣容易跳出他們的舊形式。他們很難被說服，而在他們已經習慣了的方式中，改正那些顯然的錯誤。因之，如果有任何原始的缺點，或由於時間或變化而帶來的意外毛病，也就不容易改變，即全世界都看到了一種可以改變的機會。人民這種對於革除舊憲法的緩慢與厭惡，我們可以從這個王國（按：指英國）的前此許多次革命中看出；即使經過一些無結果的努力的間斷，結果依然使我們重回到國王、貴族與平民的舊立法形態……。」（*Two Treatises of Civil Governemnt*, p.230，見 Everyman's Library 本）西方社會自文藝復興以來，便一直在穩步地走向民主之路。可是直到今天我們還是不能承認西方社會已經完全民主了。中國自辛亥革命至今也已有四十餘年的歷史。儘管各方面的變動都很劇烈，殘存的反民主的習俗與觀念依然是勢力浩大的。這一切都說明了社會革命並不是一蹴可就的事，我們必須耐著性子一點一滴地促其完成。但是人們不免要疑惑，革命是一種劇變，這樣緩慢的進行如何能稱得起「革命」呢？不錯，革命似乎不應持續太久。但久與暫是相對的，我們根本無法規定一種絕對的標準。何況社會革命本來便比其他方面的革命要艱難得多，迂緩得多呢！激烈的革命派如馬克思都認為無產階級的革命至少也得要「經過十五年、二十年，以至五十年」；溫和、人道的民主革命的完成還不當期之以百年以至數百年嗎？百年的歲月對於個人的人生的確是太長了，然而，從歷史上看，對於一個社會它衹不過是一剎那間而已。

社會革命的成功的標準是不易確定的，不過我們大致上仍可以判斷某一社會是否已經基本上民主化。如果大多數的社會成員都能尊重彼此人格的尊嚴，並承認在精神上人人都是平等的。那麼即使還有少數殘餘的不平等的觀念未能根除，也是無損於這個社會的根本民主精神的。由此看來，社會革命雖然是一個長期性的革命運動，但倒也不像一般人所想像的那樣遙遙無期呢！

前面我已經從反面指出階級鬥爭的理論與事實的根本錯誤何在；現在不妨再讓我們從正面檢討一下，社會平等究竟是怎麼獲致的。從理論上說，民主的革命是根本不站在某一個社會階級或集團的立場上來看問題，也就是說它的基礎不應是社會的一小部分，而是絕大部分。民主理論家與政治家貝恩斯曾說過：「我不承認共產主義階級鬥爭的概念，我不承認共產主義革命的理論與以階級紛爭為基礎的暫時專政，我不承認一個階級受另一個階級支配的理論——中產階級不應支配勞工階級；勞工階級也不應支配中產階級，但是如果在個人與階級間真沒有問題，沒有紛爭的存在，也祇有民主的方法是一定要用的，以調和階級，並使不平等之處可以逐漸消滅。」一方面以民主為號召，另一方面又主張此一階級應該統治彼一階級，這即使在最簡單的邏輯上也說不通。真正社會平等的實現——階級界限的徹底消滅，絕對不是一部分社會階級的被壓迫、奴役，而另一部分社會階級復躍登統治者的寶座。階級關係的顛倒，其不平等的狀況依然是無殊往昔，甚或會變本加厲。共產黨人進行「階級鬥爭」的結果是把相對不平等的社會變成了絕對的不平等；把多元的分散的階級關係變成一元的集中的。這還不值得我們警惕嗎？

再從歷史事實上觀察，社會革命訴諸鬥爭者極少，甚至根本沒有；而它依賴於和平演進的事蹟則處處可見。據歷史家的研究，文明的昇進總是和混亂、鬥爭成反比的；外在的赫赫武功有時不僅不能給人類社會增加些什麼，反而象徵著進步的中止。誤以劇烈的形式改變為社會進步的全部意義的人，其錯誤顯然在於不瞭解進步的真義何在，胡適之先生說：「文明不是籠統造成的，是一點一滴的造成的。進化不是一晚上籠統進化的，是一點一滴的進化的。」這真的搔到了社會革命的癢處。

急於求功實是社會革命的大敵。真正的進步既是一點一滴積累起來的，它就必然得以和平為先決的條件。理由很簡單，鬥爭、動亂是破壞性的，祇有和平才能給社會以建設的機緣。譬如，近代西方社會從不平等到平等的一段過程便是在和平中演進的，我們試把今天西方社會的狀況與一百年以前的狀況做一比較，當不難看出此種變遷之跡。再比較英、法兩國，由於革命路線不同所造成的社會結果，則問題尤為清晰：英國是比較和平的，她的社會乃得穩步的走上民主之路；反之，法國革命的特徵是長期的鬥爭與混亂，而她的社會也因此遠不及英國進步。又如中國社會在外形上的改變極少，但社會本身的進步依然是很大的。最突出的例子，莫過於魏晉南北朝的門第的逐漸衰退了：門第本是一種封建的貴族特權的產物，是社會上最有勢力的集團；但是這種門第到了隋唐以後幾乎已消失殆盡，唐人詩曰「舊時王謝堂前燕，飛入尋常百姓家」，正說明了那個時期的中國社會是如何在和平演變中，向平等之路邁進了一步。

我強調社會革命的長期性及其和平演進的特徵，但我也不否認在某種時期內，它也可能採取較為劇烈的方式。這是表現於外在的社會制度的變革上，而且總是和政治革命連在一起的。說到這裡，我願再提醒讀者一句，社會制度的變革也同樣是值得我們注重的。人類的平等精神如果想持續不墜，勢不能不注重制度的維持與保障。因此，社會革命往往是從制度的改革開始的。哈特斯萊（A. F. Hattersley）氏在 *Shrot History of Democracy* 一書中論及法國的民主革命時，曾說過一段很精闢的話：「什麼是依據民主原則而建立起來的近代民主國家的先決條件呢？那便是推翻『舊制』（Ancient Regime）下的政治與社會制度的一種劇烈變革。自由與自治的理想的主要障礙，並不是專制君主的權力，而是特權的普遍存在。」所謂「特權的普遍存在」就是法國當時社會上貴族、教會的特殊勢力，也是社會的民主革命的最積極的障礙。布羅甘氏也指出，特權階級的存在是法國革命的根本原因之一，特權一方面是造成財政困難的一部分因素，另一方面也是使中產階級憤怒與農民痛苦的主要緣由。在這裡，我們又更進一層瞭解到形式上的社會革命的重要性。但是社會革命畢竟有其獨立的範疇，不能完全由政治革命來越俎代庖。爾衛克就曾說過：「這種方法是很有效的，因為強迫一般人改革他們的習慣，再用環境的刺激與機會來引誘他們，祇要他們不大大的反抗，這本足以慢慢改變大多數人嗜好與目的，使他們獲得新的原動力。這絕不僅僅是國會條例或幾個有決心的改革家的條例所能產生的習慣的美德。」這其間的差異我們必須得分辨開來。惟爾衛克氏又認為社會革命除了開導之外尚有武力一途，這就不是我們所能同意的了。

最後輪到我們討論的，是社會革命與其他方面的革命的關係如何。從時間關係上看，革命的先後是偶然的而非必然的；而且社會的變革也絕不會止於某一部分，勢必牽一髮而動全身。社會革命有時是與政治革命同時開始的，有時亦和經濟革命相呼應。但它的完成則通常是落在最後的。至於論到彼此的影響，其關係尤為錯綜複雜。一般地說，社會革命是革命的最真實的基礎，如果這一基礎是鞏固的，其他方面的革命自然很容易成功。英國革命之所以比法國革命順利，其原因實即在此，而俄國的民主革命最後竟演變成極權運動，也正是因為她的社會基礎太脆弱了。反過來說，其他方面的革命對於社會革命的影響也都很具體而重要。政治革命可以推翻社會上不平等的制度，為社會革命開路，例如，法國革命消滅了貴族與教會的特權，而法國社會平等的精神也因此才得發抒出來；經濟革命則很容易使人們忘卻階級的鴻溝，並將各階層的人們在一種偉大的共同利益下團結起來，關於此點，歷史的例證甚多，資本主義取封建制度而代之，以及近百餘年來，人們在經濟平等上的努力，對於社會平等的貢獻都是顯而易見的。社會革命的重心在心理革命，而心理革命的進行是否順利，最主要的還得看教育普遍的程度如何。倘使一個社會上充滿了文盲，它的社會革命的歷程也一定會加倍的崎嶇、艱險；在這裡，文化革命與社會革命的關係便很清楚地顯現出來了！

社會革命所牽涉到的種種問題，本文總算大體上都說到了。我個人對這些問題的解答雖未必全是正確的和令人滿意的；但是，這總可以使一般忽視或不瞭解社會革命的人得到一點認識它的線索。佛家說：「靈山祇在我心頭。」一點不錯。社會革命的真正困難處確是繫於人們肯否毅然放棄舊有的習俗與觀念，而開創一個嶄新的生活方式。不過這種改革永遠得建築在人們的自覺要求的基礎之上，任何方式的強迫，最後都是行不通的！

第八章
論民族革命

民族革命對於我們中國人並不是一個很生疏的概念；撇開歷史上所記載的種種民族革命、愛國運動不談，就是近百年來一連串的民族革命鬥爭已足夠激動我們的熱情了。一般的看法，民族革命最具有獨立性；它的意義也最清楚——推翻異族的統治。因之，這個問題似乎根本用不著加以討論。而我現在不但把它當作一個新的問題而重新提出，並且還將它劃入民主革命的範疇之內。這在讀者雖不免有新奇之感，但在作者卻有其充分的理由。

民族革命與民主革命的一般關係怎樣呢？在理論上，這二者確是相通的。如果說民族革命是被征服的民族爭取自由獨立，反抗外族權威的運動，那麼民主革命便是被壓迫的個人（無數的個人）爭取自由獨立，反抗少數人專制權威的運動。瓊斯在其 *Toward a Democratic New Order* 中說：「在大多數情形中，爭取獨立的鬥爭也就是爭取更自由與更民主的政治的鬥爭。民族主義與自由主義是這樣常常地相關聯著；這種關聯已被人們認為是必然而又自然的事。」（頁二一一）又說：「人們已確認，在這種意義上民族主義運動的勝利便構成自由的擴大；因之，民族精神的成長也包含了一種民主伸展的希望。」（同書，頁二一四）布羅甘氏也說：「民族自由確常常造成其他種類的自由之增加；舊國家秩序的打破使得國家機器必須加以調整以適合更為現代的需要。」（*The Price of Revolution*, p.105）Alfred Zimmern 在他的 *Nationality and Government* 一書中更明確地指出：「自由政府與民族之間不僅沒有鬥爭的需要，而且也很難有衝突的可能。」（頁五十五）然而，儘管它們在理論上是如此的相似，我們卻絕不能由此而肯定它們就是一個東西。歷史告訴我們，民族主義在近代雖與民主主義同時興起，但在古代以及中古時期它們是各不相干的。公元前五世紀波斯人三度侵略希臘，的確激起了希臘民族主義的意識，雖然西方史家常喜稱此為「東方的專制和西方的自由」的鬥爭，事實上雅典民主主義的輝煌時代卻在波希戰爭結束之後。中古時英、法的百年戰爭喚醒了法國的民族主義，而那時的法國卻還是君主和貴族專制的國家。民族主義在中國史上曾有過不少次的表現，但民主革命的實際展開尚祇是近百年來的事。這些史實很清楚地告訴了我們它二者的不同起源。

在歐洲近代史上，民族主義興起於文藝復興時代；因之它和民主主義遂具有相同的歷史背景。但即使在那時，這二者之間依然沒有能夠發生直接的聯繫。我曾指出：「……最初它（按：即民族主義）乃是朝著君主專制而不是民主的方向發展的。因此，也祇有在國王已經把人民團結於一個共同語言與法律制度之下的那些國度裡，民族主義才顯得特別活躍。」（《近代文明的新趨勢》）不過就整個近代史的過程來說，民族主義確有助於民主的成長；因為民主必須以政治獨立與民族自主為基本前提。誠然，獨立自主的國家不一定便是民主國家，但民主國家卻必然得是獨立自主的國家。此理至明，毋庸費詞。

我們試一回顧中古時代，歐洲顯然是維持著統一的；這和近代許多的主權國家的分歧世界形成一個強烈的對照。中古歐洲的統一不僅是封建的社會制度的統一；尤其重要的是「基督王國」（Christendom）的統一。此外還有神聖羅馬帝國也保持著象徵性的統一。在這種種統一之下，許多語言不同的種族都為一個共同的信念而團結在一起。但丁（Dante）相信歐洲文明將在一個世界帝國之中獲得保障並完成其自身。還有不少人則認為祇有許多國家都隸屬於教會的普遍權威之下才能夠完成統一。但是，無論是人的王國或神的王國，到了十四、十五世紀，歐洲的統一之夢實已幻滅了。民族意識逐漸在抬頭；宗教革命以後民族的界線益形清晰。及至十九世紀，民族主義無論在政治理論或實際政治中都已成為一種基本原則。

明白了近代民族主義的一般發展，我們可以進而觀察民族革命與民主革命的關係了。從歷史上看，民族主義與民主革命最初似乎不僅不是相成的，而且還是相反的。當法國民主革命的潮流隨著拿破崙的侵略軍隊泛濫全歐時，西班牙、日耳曼、俄國的專制王朝便正是利用民族主義來抵抗革命勢力的。那麼民族主義必然得和專制主義相結合嗎？歷史的答案是否定的。民族主義同樣曾和民主的勢力結合過。它曾參加攻擊封建制度和舊教會秩序的革命行列，並幫助了中產階級的發展。布羅甘氏告訴我們，到了一八四八年，舊統治者便不再信任民族主義了；民族主義實已成為整個革命運動的一部分。它和民主分子已有著共同的敵人，如尼古拉一世（Nicholas I）與梅特涅等。因此民族解放與民主運動實已合而為一。恩格斯在其〈暴力在歷史中的作用〉一篇未完成的遺稿中，也認為「一八四八年底革命除法蘭西以外，在各處都曾是向著滿足民族的和自由的要求的這個方向邁進」。（頁四）這樣看來，民族革命與民主革命顯然又是同其方向的了。希臘的獨立戰爭已具有民族的與民主的兩重意義；義大利的統一更是民族革命與民主革命相結合的典型例證。馬志尼（Mazzini）的努力一部分固然是為了義大利的統一，更大部分則是為了義大利的民主。對於他，統一運動不祇是民族革命，而且還是民主革命。在他的信念中這二者已經熔化成一體了。在統一運動的全部歷程中，我們不難看到，專制諸侯們雖然也參加革命鬥爭，但卻祇有在民族主義對他們有利，可以滿足他們的私慾時，他們才可能是「民族主義者」，否則便不惜出賣民族以圖鞏固其一己的統治。祇有民主主義者才真能為民族獨立而奮鬥到底，不會中途變節。因之，民族革命也必須在民主革命的一般原則指導之下才會有出路和成就。相反地，如果民族主義的力量不幸而為專制主義或極權主義的勢力所利用，則其結果不但不能獲得正常的民族獨立，反而會轉變為帝國主義國家或最後依然喪失其獨立性。（究竟向那個方向發展得由該民族的文明程度與力量的大小來決定。）歷史愈往近代發展，這一點便愈得到證明。即以德國為例，它兩次民族主義運動都是民族主義與專制主義（或極權主義）相結合的歷史。它的民族統一是在俾斯麥的專制主義支配下完成的；希特勒極權運動之所以獲得成功，民族主義也顯然是最基本的原因之一。我們若說德國兩次民族運動祇給人類帶來了兩次世界大戰，那也不是過分的。貝恩斯在其 *Democracy Today and Tomorrow* 一書中便明確地指出：「獨裁政權與極權政體於從事反對民主政治時很有效地利用一種他們的政治理想，與他們實際的政治計劃的重要因素——他們的過度的民族主義。法西斯主義與納粹主義所受的民族思想與理性時代所遺下者正復相同。法國大革命後該項思想在十九世紀，已經過一個長期的發展，已經成了民主信仰與民主的理想的一部分，因為民主的自由與尊重人道的原則不僅適用於個人，而且適用於民族集團。民族自決的原則係自然地出於民主的思想，而且在大戰期間鄭重地宣布出來。」（中譯本頁六十二—六十三）在這一段話中，貝氏不僅說明極權主義與民族主義相結合之害，同時也並根據近代史實將民族主義劃入民主主義的範疇之內了。

以上所說的都是歐洲民族主義傳統的種種表現。如果我們稍一留意近百年來我們中國的社會變遷，則民族革命與民主革命的關係便更容易理解了。太平天國的革命祇是民族的，而非民主的；康、梁的維新運動祇是民主的（雖然是較為保守的民主），而非民族的。因此他們最後都歸於失敗。唯有孫中山氏所領導的革命才具有民族與民主兩重性質，所以也終於獲得成功。孫先生早已有見於民族主義必須與民主主義相結合的真理；他的三民主義便是在理論上將這二者予以溝通。這實在是對近代歷史趨勢有著很深刻的瞭解的表現。由此看來，在比較落後的（殖民或半殖民地的）國家中，民族革命固然離不開民主革命，民主革命卻也同樣地得和民族革命求配合。

民族革命何以在近代必須與民主革命連在一起呢？這問題使我們不得不回過頭來，對民族革命本身的意義加以考慮。如果我們對已往發生過的民族革命一一加以分析，我敢相信其中十之八九都是情感因素占最主要的成分。民族革命，不論在理論上或在事實上，確是常常訴諸情感的。人們都直覺地意識到受異族統治是一種無法忍受的恥辱；因而必須起而革命。在一切罪惡之中，叛賣民族幾乎是最不可恕、最無以辯解的一種；至少在中國傳統的道德觀念中是如此。著名的民主理論家布萊士（James Bryce）在他的 *International Relations* 中認為民族是由於某些情感

（sentiments）所連繫在一起的人的聚集（主要的有種族情感、宗教情感等）。穆勒在其 *Representative Government* 一書中也持著民族是由「共同情意」（common sympathies）所構成的見解。不過穆氏特別強調民族的政治涵義；因此他認為人們在過去有著共同的「政治經歷」（political antecedents）乃是構成民族意識的最重要原因。穆氏在這一點上實已比一般研究民族的學者前進了一步。從歷史事實上看，異族的統治者一般地說總是比本族的統治者更為殘暴與貪婪。換句話說，人民在異族統治下所遭遇到的苦難比在本族暴君下所感受者還要深遠。這是民族革命所以產生的事實根據；儘管這事實的本身就包含了情感的因素。從這一層看去，民族革命乃是有著共同的情感和傳統的一群人爭取解放與自治的運動；因之，革命的結果必須是該民族的全體（至少絕大多數）人民普遍地獲得更大的自由與幸福。反之，如果民族革命祇是使異族的暴君讓位於本族的暴君（歷史上頗不乏這類先例），即使人民的苦難在程度上可以稍減，這種革命也很少有意義可言。民族主義很顯然地涵攝了自治（self-government）的意義；第一次大戰後美國威爾遜總統復提出了民族自決（self-determination）的原則。而「自治」和「自決」也正是民主主義的基本概念。民族的「自治」或「自決」不能祇是對外而言的；一個被少數民族的專制統治者所操縱的民族絕不是「自治」或「自決」的民族。何以故呢？因為少數專制統治者絕無法代表全族人民的要求與願望。民族自治或民族自決的先決條件是必須有一個民主的政府來表現全民的意志。在這裡，我們找到了民族革命與民主革命的內在的邏輯關聯。民族革命如果孤立了起來，不和民主革命攜手，則它本身實不能表現任何客觀的文化價值，而僅是情感激盪的結果了。

人們之所以要推翻異族的統治，其實並不完全、甚至不主要是為了情感的理由；往深一層看，民族革命的隱藏的原因乃是異族的統治使得民主——人民自治與自決的實現更為不可能。異族的專制可以說是雙重的；向異族統治者求民主才真正是「與虎謀皮」。因之，僅僅推翻了異族統治，民族革命祇算走了第一步；必須進而邁向民主革命，民族革命才有了著落。此所以穆勒氏也認為民族團體之具有獨立政府乃是民主的必需內涵。

但是自從二十世紀蘇俄極權運動成功以後，民族革命在事實上似乎又陷入了新的困惑階段。西方某些民主國家至今還沒有完全放棄它們的殖民政策；因而依然成為廣大的東方民族革命的主要目標。而極權的蘇俄一方面固然是最徹底的帝國主義者——國際主義；（史大林的國際主義定義是：「無條件、不遲疑地準備保衛蘇聯的人。」）另一方面卻又把民族主義的革命情緒利用到最高度。史大林早在一九一八年便已宣稱：「十月革命在社會主義的西方和被奴役的東方之間架起了一道橋樑，建築了一條從西方無產者經過俄國革命到東方被壓迫民族的反對世界帝國主義的革命戰線。」這樣，民族革命便很巧妙地被納入「社會主義世界革命」的範疇中去了。共產黨人在中國的勝利，及其在其他落後民族中的得勢，民族主義無疑是最主要的因素。民族主義和極權主義相結合果真有前途嗎？前面我們已經看到了德國的帝國主義那一型態。這兒我們更認識了它的另一型態的歸趨——「一面倒」的最徹底的賣國主義。中國近百年來的歷史又啟示了一項真理：在落後國家，民族主義也是和極權主義成反比例的；極權的程度愈高，民族主義的成分就愈低微。所以分析到最後，民族革命的真正出路還是祇有向民主革命中去尋求。布羅甘說：「愛國主義是一種可敬的情感；它在政治美德中也確有其地位；但它並不便等於一切，同時也還不夠。」（前書，頁一〇三）這實在是一段很有分量的話。

在上面，我已將民族革命與民主革命以及極權主義的關係做了一番較為詳細的檢討與分析。現在，我們可以推出幾個正確的結論了：一、民族主義與民主主義並無必然的血緣關係，但隨著歷史的發展，二者的關係愈到近代便愈為密切；二、民族主義也不是絕對不能與專制主義或極權主義相結合，不過它們的結合卻祇能產生侵略性的帝國主義的惡果，或最後還視其專制或極權的程度而減少或喪失其民族獨立的精神；三、專制主義者或極權主義者雖常常利用民族主義為他們「革命」或侵略的工具，但是由於它二者的基本精神是不相容的，因此他們便永不能並且從來也不曾是真正的民族主義者。有之，必然是暫時的、偽裝的；四、民族革命與民主革命匯流雖未必便能達到預期的結果（因為還有其他因素），但近代民族革命的真正出路卻祇有向民主革命中尋求；因為民族革命的意義並不單純地是推翻異族統治，而是人民要求自治的運動，因之它和民主革命之間遂有著內在的關聯；五、在殖民地或半殖民地的國家中，民主革命也離不開民族革命；在這裡，民族革命乃是民主革命的必然前提；因為異族的專制是雙重性的，它使得民主的實現更為不可能；六、極權主義國家固然必然得走向帝國主義的道路，而成為民族主義的大敵，但民主主義未臻完善境地的國家（如資本主義國家）也還可能是某種程度上的帝國主義者，因而阻礙著民族革命的發展。

當然，我們還可以推出不少其他的結論來，但上述六項卻是最基本和最重要的。瞭解了這六點，不僅民族革命在中國當前的民主革命中的重要性及其本身的出路等問題迎刃而解，不僅共產黨人對民族主義的歪曲和欺騙不攻自破；而且西方民主國家在民主與極權做最後鬥爭的今天應該怎樣去改進自身、戰勝敵人，也有了明確的答案。

下篇

革命之路

第九章

論革命的路線

歷史思想家在描繪一個新的烏托邦時，多能言之成理、持之有故，說得頭頭是道。但是對於通達這種理想境地的實際道路卻很少有人能夠提出。其中在這一方面比較有點成就的大概要算是馬克思了。馬克思的革命道路究竟是否正確呢？我想歷史已經答覆了這個問題；我無意在此加以批判。這裡我祇想說明一種事實：到新社會之路是很難預為擬定的。因之，我希望讀者對下面幾篇討論革命之路的文字不必存著過高的期望。由於學力所限，我實祇能對這些問題提出若干我認為比較重要的原則而已。

在這一章裡，我首先願意指出，革命的路線並不能完全是一種自由的選擇。這也就是說，它不能單獨地由我們主觀的好惡來決定，而得在相當大的限度內依賴於客觀的歷史社會條件。

我們都知道，近代民主革命是沿著兩條路線發展的：一是以英國為典範的溫和漸進的路線，另一則是以法國為代表的流血激進的路線。這兩條不同的革命路線在近代中國都曾有過嘗試的機會：康、梁的變法維新可以說是英國式的；孫中山領導的革命則多少是法國式的。但是這兩條路的結果卻都不能令人滿意；因此革命的路線之探討依然是我們當前極需的工作。現在我們且撇開這兩條路線的性質、得失利弊……等等問題不談，讓我們先看看構成英法兩國革命路線的分歧的歷史背景。若將英、法兩國革命前的歷史做全面的比較研究，勢非本文篇幅所能容許；這裡，我祇能提出若干直接影響到革命路線的政治結構與社會狀況來加以檢討，藉以明瞭英、法兩種不同的革命形態之所以形成的客觀條件。據我個人的看法，至少下列五項差異是比較重要而顯著的：

一、英、法國家統一的兩條路線：英國統一採取了兩大重要的步驟：一是法律的統一、一是經濟的統一。英國在十一世紀時還處於封建割據的階段；直到十二世紀中葉，英王亨利二世才通過習慣法（common law）的建立來提高王權。這一法律制度一方面固然統一了各種混亂的封建法律，另一方面卻又承認了各地的風俗習慣；因之，王權的伸張在社會上便自然受到了限制。經濟的統一是國王從派人到各地方調查財產與徵收稅賦而改為召集地方代表到中央集會。表面上這是便利了中央行政的推行，事實上它卻構成王權的重大枷鎖。為什麼呢？分散的經濟權力凝聚了。經濟權力的握有者自此便可以通過這一機構而團結一致，共抗王權的侵犯，這一點星星之火最後卒發展為國會（Parliament），它的重要性於此已可見一斑。

現在讓我們看看法國又是怎樣統一的。十二世紀初法國還是一個分裂的封建國家，她的幅員又廣，國王深感不統一之苦，所以他們提高王權的慾望也較強烈。十三世紀時王權便開始伸展了，許多獨立的地區都直接歸於國王的治下。國王所賴以聯合各諸侯的主要力量乃是他自己的法庭和官吏。菲力普二世（Philip II）即曾消滅了不少大諸侯並併吞了無數小領主。與英國不同，法國法律制度是以國王訂立的法律為最高權威的，而上訴權（right of appeal）的確立則又是其中的重要關鍵。它使得各地封建法庭的最高權威頓時消失，而國王卻得通過法律直接籠罩到每一個人民。法國的階級會議（Estates General）雖類似英國的國會，但其起源和功用卻完全不同。十四世紀正直者菲力普（Philip the Fair）為了取得國內的一致支持以與教皇做鬥爭，才建立起這一機構。它自始即是站在輔助而不是約制王權的地位。它又沒有稅收和立法的大權，在國王心目中自是無足輕重的。

二、英國的國會和法國的階級會議：上面我們已看到了這兩個機構的不同起源，這兒我們要討論它們的功用的差別所在。如上所述英國國會最早祇是國王與諸侯間的一種財政會議，但到了一二一三年諸侯們為了對抗國王乃正式建立起大議會（Great Council）。兩年後的大憲章運動就是它的力量的實際表現。一二五八年貴族們又因反對亨利三世在歐洲進行的軍事冒險而與國王展開鬥爭。結果仍是國王失敗，大議會遂於一二六五年改為兩院制的國會了。大議會時代它已完全操有了經濟大權，改為國會又增加了立法權。英、法百年戰爭（一三三七—一四五三）期間，愛德華三世（Edward III）為了爭取大量的經濟支持，且曾允許國會掌握內政。國會權力的最盛時竟至可以廢立國王，例如一三二七年之廢愛德華二世而立其子三世，一三九九年之廢理查（Richard）立亨利四世便是明證。

法國的階級會議在結構上是分成僧侶、貴族和第三階級三種議席的，但它沒有經濟權力，祇能向國王提供一些建議而已。而這三個階級之間也不易獲得任何一致的協議。起初它是完全受國王控制的，祇有百年戰爭初期，因法國一敗再敗始一度得勢，但不久王權又告抬頭，到法國大革命時它已有一百餘年沒有召開過。它從產生到結束全部會議的次數祇比英國國會在愛德華三世時召開的次數多兩次，其作用之渺小和權力的微弱也就可想而知了。

三、英國的憲政發展和法國的專制傳統：英國早在一二一五年即已產生了大憲章運動，王權自此受到重大的限制，國王不能在人民同意之外去濫用他的權力。一三七六年，英國政治因百年戰爭的進行而日趨腐敗，下議院遂領導國會發動了「好國會」（Good Parliament）運動，對國王的腐敗親信和無能官吏分別予以革職或彈劾的處分，這是憲法權力的偉大表現。但百年戰爭結束後國會因無力應付殘局，王權乃乘機得勢。圖多（Tudors）王室當政時，亨利七世蓄意建立一「強有力的王朝」（Strong Monarchy），這一情勢繼續直到十六世紀末才有所轉變。然而，儘管英國憲政的發展暫時受到了挫折，它的傳統卻並沒有死去，潛力也未曾消失。終於到了十七世紀初葉，斯圖亞特（Stuarts）王室執政，由於王權過度囂張，再加上新的宗教力量的激盪，遂產生了英國近代的民主革命。而此一革命也因為憲政傳統的支持而以最小程度的犧牲與殘酷獲致了最大的成就。

法國在早期統一的過程中已表現出明顯的專制傾向，這因為她的王權享有幾個有利的客觀條件：一、法國國王自稱為查理曼大帝（Charlemagne）的繼承者而居於最高領主的地位；二、法國連續產生了許多精幹的國王；三、國王常連結僧侶、小領主、城市人民共抗大諸侯階級；四、中央集權的行政逐漸代封建政治而起。到了十七世紀時法國的專制主義已發展到最高峰，黎舍流（Richelieu）首相曾厲行中央集權制，國王的監督（intendent，按：皆擁有稅收、警察與司法的大權）遍布法國。著名的路易十四的專制的基礎即由此奠定，在「君權神授」的理論支持之下，路易十四遂高唱其「朕即國家」的口號，成為歐洲史上專制君主的典型。法國的階級會議和貴族們雖先後有與王權鬥爭的事，（如一三五五年階級會議勢力的抬頭與一四六五年 League of Public Wolfare 組織的興起。）但由於專制基礎太深厚，以致都祇是曇花一現，最後終歸於幻滅。

四、英、法法律制度的差異：英、法兩國的法律恰好代表了法律的兩大系統：習慣法與羅馬法。習慣法的精神是承認各地既存的風俗習慣，因之，它自然會是王權的一種限制。羅馬法則是以國王為國家法律的最高頒布者，因之也無疑地構成了王權的支柱。此外，法國又有上訴權與國王法庭（Parliament）的普遍建立，國王的專制遂更為根深蒂固。

五、法國的軍隊：法國王權另有一個重要的支柱是英國所沒有的，那便是國王擁有自已的軍隊。遠在十二世紀時法國國王就已開始自行僱用軍隊以代替封建諸侯的兵役。其後由於版圖擴大、戰爭頻繁，這種軍隊也愈益增多；又因受百年戰爭的影響，到十五世紀中葉，法國已確定了常備軍制，這又是英、法兩國客觀條件的一大異點。

以上這五項差異是作者比較了英、法兩國革命前社會政治的一般狀況所獲得的結論。當然，英、法革命路線的分歧的歷史因素並不止此，但這五項卻是比較具體而重要的。由此我們可以瞭解，革命的路線主要是由客觀條件所決定，而不是人的主觀願望所可任意左右的。離開特定的革命環境而討論革命的路線，根本便是一種虛妄無知的表現。近代社會主義的發展給這一點提供了最有力的證明。烏托邦社會主義相信和平演進可以達到社會改革的目的；馬克思社會主義則堅持流血鬥爭是社會革命的不二法門。這二者在把革命僵化於革命的方式這一點上實毫無二致。結果如何呢？前者始終停留在幻想的階段，後者卻變質而成為極權主義。這說明我們對革命路線的無理固執，適足以損害革命而已。近百年來的中國革命也犯了同樣的錯誤，康、梁的維新派堅持其從上到下的改良路線；激進的革命派則認為非流血不足以解決中國的問題。他們都沒有把革命的路線和中國社會的客觀條件聯繫起來；革命既失去了空間和時間的憑藉，其失敗自是必然的了。

英、法革命路線的不同，根據一般的說法，乃是革命（revolution）與演進（evolution）的差異。那就是說，英國革命是一步步地和平演進而來的；法國革命則是一種打破歷史的連續性的暴力變革。儘管這兩種革命的路線的異趨曾使英、法兩國的革命表現為兩種不同的形態，但就革命本身的性質說，二者卻並無區別——同是民主革命。也許有人會說，英國革命是穩步前進的，富於建設性的，法國革命則極其殘酷與混亂，建設少而破壞烈；這豈不足以說明兩種革命路線的優劣是非所在嗎？這種說法首先便肯定了革命的路線對革命性質的決定性的影響。其次，它更過度強調了革命與演進的對立性，而忽略了這二者的共同之處。我個人的看法，革命的路線既是為客觀的社會條件所決定，它自然便不會是革命本身成敗的決定性的因素。法國革命的種種變化並不是由於革命路線所造成，而是因為革命領導權的轉移的緣故。英國革命也並不是絕對沒有採取劇烈的方式，不過由於它的革命領導權較為穩固，以及參與革命的各階層人們較能團結一致，所以革命的發展愈到後期便愈趨溫和、穩定。近代「共產主義革命」的空前殘酷性更顯然是它的本質所規定的；我們誰也無法相信，極權運動乃是它的流血激進的「革命路線」的結果。由此可見，不是革命的路線決定革命的性質，而是革命的性質在相當範圍內規定著革命的路線。革命的路線即便會影響到革命的性質，這種影響最多也祇是部分的、促進的，而非決定性的。

再進一層分析，這兩條革命路線——革命與演進根本不是對立的，而毋寧是相通的。邵可侶說：「臆想進化與革命是和平與戰爭、溫和與暴烈的對照，即表示自己無知。由於環境的突變，引出利益的相反，革命能和平地完成；同樣，進化有時會很困難，會夾雜著戰爭與迫害。」胡適之氏也持著同樣的見解：「革命和演進本是相對的、比較的，而不是絕對相反的。順著自然變化的程序，如瓜熟蒂自落，如九月胎足而產嬰兒，這是演進。在演進的某一階段上，加上人工的促進，產生急驟的變化；因為變化來得急驟，表面上好像打斷了歷史上的連續性，故叫做革命。其實革命也都有歷史演進的背景，都有歷史的基礎。……所以革命和演進祇有一個程度上的差異，並不是絕對不同的兩件事。變化急進了便叫做革命；變化漸進而歷史上的持續性不呈露中斷的現狀，便叫做演進。」把改良主義當作革命的大敵，顯然祇是共產黨人別具野心的無理誣衊；其淺薄不通之處不值得識者一笑。和平改良與流血革命無論在目的上或動機上都是相同的，所不同的祇是方法。而此種方法上的異趨主要還是為客觀因素所決定。朱利安．赫胥黎也認為如果劇烈的與漸進的兩種進化方式不能相互貫通、獲得融和的話，則任何衝突都祇能由暴力、戰爭或革命來解決；但如果這兩種進化方式可以融會貫通的話，那麼漸進的和平進程也一樣可以產生進步的。這也顯然是說，革命與改良原是一脈相通的，但隨客觀環境之不同而有不同的表現而已。如果革命的目的可以由和平演進的路線而獲致，除非我們患了張獻忠式的嗜殺狂，否則又為什麼一定要走流血鬥爭之路呢？而且我們已一再說過，革命乃是一種社會重建的運動，因之破壞——任何方式的破壞——都是方法而不是目的。不僅如此，我們這裡所討論的革命路線其實僅限於政治革命的範疇之內，此外如經濟、文化、社會諸方面的革命根本便無法走流血鬥爭的道路。這些還是純理論上的研究，事實上革命與改良主義的相通性是到處都可以找到證明的。彌拉波（Mirabeau）是法國革命的重要領袖之一，然而他始終想走英國式的君主立憲的革命之路；他的言論、作風也都和改良主義者無殊。孫中山是一位偉大的革命領袖，可是他早年上李鴻章書卻是改良主義思想的明顯表現；就是他後期的革命理論也具有濃厚的和平改革的自由主義者的色彩。至於他晚年北上開會，以及臨終時的「和平、奮鬥、救中國」的遺言更說明了他不願意中國重蹈流血鬥爭的覆轍。讓我們再看看歷史上著名的改良主義者，問題就更為清楚了。王安石無疑是一位改革家了；他的「天變不足畏，祖宗不足法，人言不足恤」卻是一種最激進的革命口號。康有為是近代中國的改良派領袖，而他所謂「守舊不可，必當變法；緩變不可，必當速變；小變不可，必當全變」也充分地表現出他的革命情懷，絕不像出自改良主義者之口了。又如戊戌六君子之一的譚嗣同，其思想的激進、犧牲的壯烈，並高唱革命非流血不能成功的口號，則顯然是以改良始而以革命終。改良與革命的區別究在那裡呢？梁任公曾論及革命與改良的區別有云：「reform 主漸，revolution 主頓；reform 主部分，revolution 主全體；reform 為累進之比例，其事物本善而體未完，法未備，或行之久而失其本真，或經驗少而未甚發達，若此者利用 reform；其事物本不善，有害於群，有窒於化，非芟夷蘊崇之則不足以絕其患，非改弦更張之，則不足以致其理，若是則利用 revolution。」這些話都是很平實而深刻的，我們應該深思之！

《易・繫辭》曰：「天下一致而百慮，同歸而殊途。」近代民主革命的兩條道路便正是通達同一目的地不同的路線。在主觀願望上，我們民主革命者無疑都是選擇英國式的和平演進之路的，但是由於事實上的限制，中國的民主革命竟常常不免於流血。沉重的歷史包袱真是革命者的大敵；它使得任何美好的改革計劃都得受到殘酷的修改。誠然，在目前這種極權主義的暴力統治之下，和平演進的革命之路是絕無可能的。然而我們不應忘記，推翻極權暴政祇是中國民主革命的一個準備階段；革命的更進一步的發展依然要借重和平建設的力量。因之，即使我們今天被迫著得走法國式的革命路線，我們最終的目的還是要建立起一個適於走英國式的革命道路的社會！

第十章

論革命的方法

在上一章中，我們討論過了革命道路的問題。對於革命道路的任何探討必然會引起對革命方法的注意。革命的道路與革命的方法之間的關係是密切的，但卻並不是一件事。革命的方法包括範圍極廣，這裡我祇能提出其中幾項最基本的原則加以分析。

首先我們要解決的是革命的原則與方法之間的複雜關係：是原則決定方法呢？

還是方法決定原則呢？據我所知，近人對於這一問題有著普遍的誤解。那就是他們把原則與方法的必然邏輯關聯否定了：革命的方法可以離開革命的原則而不致影響到革命的性質。我的瞭解恰恰相反：革命的原則與方法之間是存在著密切的關係的；而且，不是革命的方法決定革命的原則，而是革命的原則決定革命的方法，不過革命的方法在一定情況下也會重大地影響到革命的性質。原則是一元的，任何革命都祇能為一個最根本的原則所指導；方法則是多元的，在不違反革命原則的情況之下，革命可以採用各種不同的方法，近代英國革命是民主的革命，所以它的革命方法是溫和的、人道的、盡量避免流血的；而俄國的「十月革命」則是極權運動，因之它的殘酷性也達到了空前未有的程度：流血鬥爭、集體屠殺、恐怖統治……等等可怕的方法都被使用盡了。這顯然是它的「革命」原則所必然規定的。這兩個極端例子說明了革命原則決定革命方法的事實，誰都無法否定的。但這兩種不同的社會變革，就其發展的進程說，都是比較一貫的，很少變化；因此其間原則與方法的關係也較清晰、穩定，不成什麼問題。成問題的倒是那些中途發生原則性的變化的革命；在這種情況下革命的原則與方法之間的關係又怎樣？這是我們所要探討的另一重要問題。在近代史上，革命變化最多，關係最複雜的無疑要算法國革命了。現在就讓我們來看看它的演變的關鍵何在。法國革命從它本身的場面來說，可以說是歷史上最壯烈、最偉大的一次；正如路易・布朗（Louis Blanc）所說的：「以往一切的叛亂聯合起來，並投入其中（指法國革命），都像是河流之入大海一樣。」在革命過程中，變化最突出，而又最為後世聚訟紛紜的，則是雅各賓專政（Jacobin Dictatorship），雅各賓專政歷史上亦稱「長期恐怖統治」，那就是說它的革命方法已發展到極其殘酷的程度；其中如公共安全委員會（Committee of Public Safety）、嫌疑分子懲治條例（Law of Suspects）、革命法庭（Revolutionary Tribunal），以及斷頭臺（Gillotine）……等等恐怖方法的創建便是其變化中最顯著的標誌。關於這一變化，歷來史家評論不一而大致分為兩派。一派認為這是時勢所迫，挽救法國革命於外在侵略與內在反革命之下的必要步驟，如彌其勒（Michelet）、奧拉（Aulard）等都多少抱著這種見解；另一派則相反，他們根本否定這種殘暴不仁的方法可以保持革命的純正性，如揆內（Quinet）、特諾（Mortimer-Ternaux）、瓦隴（Wailon）等皆是。揆內在其《革命》（*La Révolution*）一書中一方面對法國革命本身加以頌揚，另一方面卻對暴力的革命方法大肆攻擊，視之為不可饒恕的錯誤。他並說恐怖分子有著兩重罪惡：繼續了過去的專制並培育了未來的專制。其後法國所經歷的數十年專制都是此一錯誤的代價；而恐怖所摧毀的也不是革命的敵人，倒是革命自己。特諾的《恐怖史》（*History of Terror*）也是從溫和自由主義的立場來批判雅各賓專政的。他認為世界上有兩大原則在爭鋒：自由與專制。而暴民政治卻是專制的化身之一，因此反暴民政治也就是反專制了，瓦隴則著有《革命法庭史》（*Histoire du Tribunal Revolutionnaire*）；他研究的結論是：革命法庭儘管曾壓制了許多流弊，其本身卻正是專制的恐怖工具。總之，在這幾位名史家看來，法國革命的恐怖方法是一種重大的錯誤，而革命的性質（民主的）也因而轉變為專制統治的了。

雅各賓專政，在一個半世紀後的今天來看，已經顯然是民主革命的變質。一方面極權主義的共產黨人既已公開承認他們繼承了一部分的雅各賓傳統；另一方面西方不少開明的學家如布羅甘、達爾芒（Talmon，見其 *The Origins of Totalitarian Democracy*）諸氏也根據史實，明白指出了雅各賓黨人的專制本質，並認定他們的恐怖統治是今天極權的先驅。可是法國革命怎樣會一度變質的呢？我們如果把這個責任籠統地歸之於「革命方法」顯然是沒有搔到問題的癢處；但歷來研究法國革命的學者卻不曾明白地告訴我們。這其間的關鍵，在面臨著劇烈變動的時代的我們看來，已經十分明顯：那是由於革命領導權的轉移（關於此一問題請參看下章）。歷史告訴我們，直到以羅布斯比為首的激進革命派逐漸掌握了革命的領導權以後，法國革命才開始了走上了殘暴恐怖的途徑的。由此可見，即使是法國革命也不能證明革命方法完全決定著革命性質的變化。領導的轉移首先便是原則的，而非方法的轉變。不過後來雅各賓黨人所建立起來的殘暴的革命方法又使法國革命的進程受挫數十年之久，並為拿破崙的軍國主義專制舖平了道路，革命方法的錯誤所給予革命的惡劣影響顯然也是巨大的！

革命的原則與方法之間的關係弄清楚了，我們就可以更進一步地追問一句：「民主革命究竟應該並可能採取怎樣的方法呢？」這又使我們陷入另一難解的糾結問題中去了。倍克爾（Carl L. Becker）在他的 *New Liberties for The Old* 一書中曾有過一段很有意義的討論：「有產者與無產者之間的問題應該如何獲得平衡才能不訴諸暴力——革命以及暫時或永久的專政呢？共產主義者的答案是否定的——極權國家乃是唯一的解決。社會主義者（按：指民主社會主義者）的答案則是肯定的——用民主的方法更大多數的人們的答案也是肯定的——用民主的方法……」（頁一一〇——一一一）鑑於歷次暴力革命對於文明的損害，現代民主理論家大多數都反對採用任何殘酷的革命方法。如布羅甘說：「兩世代以來，我們可以說暴力革命已成過去。一個理性的、和平的、繁榮的，尤其是進步的社會已經傳遍全球了。」（*The Price of Revolution*, p.1）瓊斯也說：「在一個目擊了革命所可能採取的奇異的和悲劇的形式，及其所可能產生的殘酷結果的時代裡，這種意義上（按：指暴力）的革命實已失去了有效的號召力。那種一部分來自法國革命的傳統，一部分來自維多利亞時代的樂觀主義的舊的假定，認為革命必須經常涵攝了一種民主的目的並且完成一種進步的結果，是死去了。」（*Toward a Democratic New Order*, p.208-9）很有趣味，布、瓊兩氏的話竟如此地不謀而合。他們都在描繪一個剛剛到來的新的社會局面；在這個局面裡暴力的手段是絕不容許被使用的，一切變革都須以溫和人道的方法為依歸。本來革命就某種意義說，原是人類的悲劇；如果革命的結果不能改善人們的生活，反而使人們陷入更悲慘的境地，那麼革命更是一種可怕的罪惡。因之，除非是瘋子或野心家，否則誰也不會是暴力革命的擁護者。革命的目的如果不須經過任何暴力的方法而獲致，則也無疑是一切有理性的人所焚香祈禱的事。可是問題並不如此單純，這些理論家筆下所描畫的是不是現實社會的客觀反映呢？即使它具有若干真實性，那麼這種真實性的廣度又怎樣呢？這又是迫切地需要我們加以解決的問題。這兒我願意引徵社會學大師素羅金的調查研究的結果來加以說明。

根據素氏的統計（直到一九二五年），二十世紀乃是一個內亂的高潮。迄現在止，它已是西方以至人類歷史上流血最多，最殘酷而又最不人道的時代之一。這樣，社會科學工作者的結論一下子就把理論家的幻想打破了！暴力變革不但未曾過去，而且正騷擾著大半個世界。那麼布羅甘和瓊斯等人的話到底涵攝了多少真實性呢？還是他們完全向壁虛構呢？我的答案是肯定的：他們的話也是一部分事實的真實反映，不過不能加以擴大應用而已。在英、美等已經基本民主化了的社會裡，一切革命性的改變是可以避免暴力方法的，如最近五十年來英、美在經濟制度方面的革命便是很好的證明。因之，布羅甘與瓊斯的話在他們本身所處的時間與空間之內的確是有效的。然而在那些政治力量依然占據著重要地位的落後國度裡，暴力的方法幾乎還是革命的唯一途徑。近代俄國的革命，以及我們中國的歷次革命都是採取著暴力的方式；直到今天情形依然未變。這當然不是說，我贊成使用殘酷的革命方法來達到革命的目的，我的意思祇是要指出，在反民主或不民主的社會裡革命的殘酷性頗不容易避免。為什麼呢？這裡牽涉到政權的性質問題。大家都知道，民主政權的產生是基於大多數人民的同意，政權的改變也同樣是以民意為最後依據。這樣的政權本身並沒有涵攝暴力的因素；它自然也就用不著暴力來推翻了。但是反民主或不民主的政權卻不同，無論極權政權或專制政權，其產生都沒有得到人民的任何方式的同意，而是赤裸裸建築在暴力的基礎之上；不僅如此，它的存在與運行也無處不是以暴力為後盾的。在這裡，統治者與被統治者之間有著一道不可踰越的鴻溝；政權與人民的關係完全靠暴力來維繫著。平時既已如此，當革命到來的時候，暴力的表現難怪要更為激烈了。在這種情形下的革命分子所採取的暴力方法其實乃是被動的、自衛的——抵抗統治者的暴力迫害。從以往歷史上看，從暴力中獲得的權力也必須在暴力中失去。擁有權力的統治者是不會自動放棄其既得利益的，除非他們在更大的暴力之下倒下去。就拿英國來說，英國的統治者算是比較聰明的了，可是查理士一世還是上了斷頭臺。詹姆士二世的遜位史稱「光榮革命」，然而他還是在他的女婿威廉率大軍登陸以後才逃到法國去的，何況更有查理士的「殷鑑不遠」呢！英國猶且如此，其他國家就更不用說了！至少我們可以這樣說，以往的一切革命多少都和暴力有著不可分割的關係，也就是說都曾在不同的程度上使用殘酷的革命方法的。

照這樣說，我們是不是就肯定了暴力革命的必然性呢？絕對不是。這裡我願意指出暴力在民主革命中所受到的自然限制，依我們對民主革命的瞭解——全面的社會重建，則殘酷的革命方法最多祇有在政治革命中才可能——但也不一定——有其效用。而且即使在政治革命中，真正所謂「暴力革命」也僅僅限於推翻舊政權的那一剎那間。新的民主政權的建立並不是任何殘酷方法所能為力的。如果再進一步從理論上說，民主革命本身所具備的民主原則便是暴力使用的一層根本的限制，歷史上的許多殘酷革命十之八九都是極端分子或懷著特殊的革命目的的革命派造成的！在狂熱的革命情緒推動之下，穩健而純正的革命分子往往控制不住革命的方向。貝恩斯也說「革命的熱忱，革命的集體力量，與主要的革命人員中的激烈分子因企圖實現其誇張的革命目的，通常是不得不使用武力與暴動——因之，吾人可以發現每一次真正的革命幾乎都要經過一種革命的恐怖時期……」，這是殘酷的革命方法的內在根源。革命方法雖不必然能決定革命的原則，但過分殘酷的方法則顯然也會使得革命變質的。我們之所以對革命方法懷著過多恐懼，最大的原因恐怕還是因為法、俄兩國革命的先例太可怕了的緣故吧！其實這多少是起於一種觀念上的混淆：分不清民主革命與極權運動的差異。法國雅各賓的恐怖統治是近代極權政治的先導，前面已經說過；至於蘇俄「十月革命」的極權本質，本書第三章也有了很詳細分析。正如胡適之氏所說的，極權主義者是一方面是暴力方法奪取政權，另一方面又用暴力方法維持其既得政權。我們顯然不應把極權運動的殘酷手段誤認為民主革命的革命方法！為什麼革命方法在英國與美國革命的進程中沒有發生問題呢？還不是因為這兩大革命的民主原則沒有改變的緣故嗎？由此可見，一個真正的民主革命是不會有著過分殘酷的革命方法的；因為它本身便有著自我控制與調節的力量。近百年來中國革命之所以不免於殘酷、混亂，也正是因為其間摻雜著許多專制與極權的成分。讀者舉一反三，自能瞭然。

但是，話雖如此，我們對於革命的方法仍得加以注意，因為上面說過，嚴重的方法上的錯誤一樣可以使民主革命變質。怎樣控制革命的方法呢？除了領導權以外，我們還得具備高度的自覺精神。民主革命，就其本身來說，必須是一個不斷的反省、批判與改進的運動。而這些則都需要自覺的精神為最高的指導。沒有自覺的精神，革命便是盲目的、野蠻的和容易變質的。在自覺精神之下，我們不僅能夠隨時隨地警惕於方法的錯誤，而且更可以進而不斷地改良方法。因之，祇要自覺的精神能夠持續不墜，革命的方法便是不成問題的問題了。

我們該記得三千多年前那位伯夷的話：「以暴易暴兮，不知其非也！」革命，尤其是民主革命，絕不應該是一種「以暴易暴」的事；可是歷史所記載的，以及我們眼前所看到的種種所謂「革命」則十之八九都陷入了「以暴易暴」的泥淖之中。於是革命也幾乎成了「新暴力集團用暴力推翻舊暴力集團的暴力統治」的代名詞。這一歷史循環如不能打破，革命所給予我們的便祇能是災害而不是幸福。誠如瓊斯所說的，革命原是悲劇性的；如果再加上殘酷的暴力方法，它的悲劇性無疑更濃厚了。追源溯始，人類之所以常常不免於革命，乃是因為在文明發展的過程中失去了自覺的精神，於是社會逐漸走上了不合理的畸形狀態，積重難返，這才需要革命來加以清除。因此，在這種意義上，革命本身也就是人類自覺精神的高度表現。然而我們卻常常看到，儘管革命是一種自覺運動，它依然可能為盲目的暴力所驅使，而使人們陷入更悲慘的命運之中。要避免這種危險，則自覺精神對於革命方法的最後控制無疑是極其必要的。祇有如此，革命才不會是一種「以暴易暴」的舊循環，革命的方法才不會危害到革命的原則；更祇有如此，我們才能希望有一個永遠不需要革命而又萬古常新的社會的到來！

第十一章

論革命的領導權

在我研究近代各國革命的過程中，幾乎一開始我就發現了革命的領導權的重要性。革命的成功或失敗、順利或困難，領導權都是其中最重要的決定性因素之一。因此我決定把這個問題提出來做專章的討論。

革命的領導權究竟是什麼呢？這是我們首先需要解答的問題。我們知道，人類社會是分成兩部分的：領導的與被領導的。這種領導與被領導的關係表現在歷史上的便是統治者與被統治者的關係；儘管我們厭惡這種事實，而此關係的本身卻是一種客觀的存在。而且正是由於領導與被領導之間的關係的不合理，革命才一再地發生。從這一角度上看，革命也就是被統治者向統治者爭取社會領導權的運動。這種對革命的特殊解釋是根據我們對「命」字的瞭解的廣度的不同而產生的。在第一章中，我們曾以「周雖舊邦，其命維新」以及「大哉天命」等作為革命之「命」的註腳，這是廣義的解釋。其實「命」字還有一種狹義的解釋，恰恰是領導權的同義語。《說文解字》說：「命，使也，從口令。」段玉裁註云：「令者發號也，君事也；非君而口使之，是亦令也。故曰：命者天之令也！」戴侗《六書故》也說：「命者，令之物也，令出於口，成而不可易之謂命。」由此可見，狹義的「命」乃是一種發號施令的指揮權。而所謂指揮權者不也就是領導權的另一說法嗎？這樣看來，革命本身便已涵攝了領導權的改變之義。雖然如此，革命本身的領導權卻依然是一個極其嚴肅的問題。此問題當社會在安定的時候固然重要；可是在變動之際卻尤為重要。因為在平時，社會走得慢，領導的錯誤影響較小；即使錯誤到了不可挽回的地步，仍可由革命來補救來醫治。但變革時期的社會步伐則較平時不知快出多少倍，因之，如果革命領導犯了錯誤，其影響不僅廣泛，而且深遠。同時，我們又沒有革命以外的方法可以補救革命的錯誤。於是革命浪潮的不斷激盪，社會所蒙受的損害深重矣！並且，據我考察各國革命的結果，革命不犯錯誤則已，如果犯了錯誤便會激起另一次的革命；而此一由於錯誤激成的新革命又極容易矯枉過正，而走向另一新的錯誤。這樣，錯誤激起革命，革命又產生錯誤，社會有了一連串的革命，也有了一連串的錯誤。這種惡性循環非至社會的精力耗竭不能自已。而革命所犯的錯誤則十之八九都屬於領導的錯誤。革命領導權的重要性祇有這一角度上才可以完全理解的。

革命領導權的最基本意義乃是一種決定革命的根本方向的權力，它的功能和航海之有指南針正無異殊。因之，領導權本身也不可能是一種自足的獨立存在，而祇有和革命的性質聯繫起來始能顯示出意義。但革命領導權的存在的理由並不僅僅是理論上的；它實另有其更重要的事實上的根據。這根據乃是革命分子在利害上的分歧。歷史上任何一次革命的參加分子都是非常複雜的。他們雖有其暫時的共同革命對象，但在本源處卻各有其利害好惡為基礎的特殊革命目的，這是革命陣營中常常分成許多派別的最根本的原因。當革命仍在開創階段時，由於大敵當前，一切分歧都隱而不現，而領導權的問題也不會發生。一旦革命的困難時期過去了，促成團結的因素消失了，革命分子的分歧便立刻顯露出來；其中每一派人都希望把革命向他們的特殊利益方向推進。在這裡，領導權便成了唯一的決定性的因素，誰掌握了領導權，誰也就控制了革命。

領導權在革命中的表現如何呢？我想此問題至少應該從兩方面來觀察：第一是廣義革命——全面社會重建運動中的領導權；其次才是實際革命——政治革命中的領導權。全面的革命是一個長期性的運動；其長期性往往延續到幾個世代之久。因之，革命的領導權在當時頗不易為人們所瞭解。但這並不能否定領導權的存在。一般地說，全面革命中的領導權是非個人的（impersonal）；它表現為一種文化的領導、思想的領導。在第六章中，我們已多方面指陳了文化對社會的指導作用，而革命時代的文化領導作用則尤為明顯。我們可以說，將革命當作一個整體來看，文化革命實操著革命的全面領導的大權。全面社會革命的大方向總是被最先到來的文化運動所決定；因此費拉利也認為「革命者」（revolutionaries）——行動之人是根據「前驅者」（predecessors）——思想之人的知識與思想而進行實際革命運動的。盧梭、伏爾泰諸哲人都死在法國革命發生之前，可是他們的思想卻在指導著法國革命。而法國革命之所以波瀾起伏則也未始不與盧梭的自然主義與過度浪漫的革命情感有著密切關係。但我們並不能把盧梭的思想瞭解為個人的，事實上，他是代表著那一個時代的法國以至全歐的文化趨勢的。再從歷史上看，文藝復興的新文化的啟蒙曾奠定了近四、五百年的西方文明的總方向；中國五四運動的激越之情、英銳之氣也正給極權主義盡了一部分開路的任務，這些都是說明文化革命在全面社會革命中的領導作用的最生動而有力的例證。我們祇有著眼於革命的全景才能看到這一根文化領導的無形線索的！

現在讓我們再看看實際革命（政治革命）中的領導權問題。儘管文化革命在根本上決定了整個革命的方向，但誠如拿破崙所說的「政治即是命運」——政治革命確比其他革命具有更顯著的影響力。因之，政治革命的領導權仍然可以在相當限度內改變革命的性質。實際革命中領導權雖也同樣有其非個人的一方面，但卻比較具體，並必須通過人而始能表現。簡單地說，政治革命的領導權乃是一種由整個革命性質所決定的原則的領導。在這裡，人的因素占據了較重要的地位；也就是說，必須有一群真正瞭解和絕對遵守此革命的原則的革命分子來掌握革命的領導權。這是革命領導權在事實上碰到的最大困難。實際革命中的領導權一旦被不忠於革命分子所竊取，革命的變質便一定不可避免。正如我們在第二章論反革命時所指出的，革命轉變為反革命的最主要關鍵乃在於革命的領導權。因此，當革命領導權無力阻遏革命的逆潮時，一個殘暴的、過激的反革命也就隨著到來了。貝恩斯對此有極精闢的論列，他說：「當革命運動及其原則的、道德的、理想的與真正的力量為恐怖主義或一種擴張的戰爭所毀滅時，如果領袖不能於此緊要關頭緩和該項運動，並使之適合於經過此種社會紛擾的國家與民族的真實的狀況，這種新的反革命運動便要開始……。」貝氏這裡所謂的領袖並不止於少數個人的狹隘意義，而應解釋為一種廣義的革命領導權。

革命領導權的轉移可以有兩個極端的方向：一是轉移到激進的革命分子之手，一是轉移到代表舊勢力的反動分子之手；而這兩種革命領導權的旁落最後都極可能把革命引導到反革命的方向。過激的革命分子掌握了領導權之後，他們必然要使用一切殘暴的革命方法；這種過度的破壞無法得到大多數革命群眾的支持，終於，正如費拉利所說的，反動的反革命力量遂乘機崛起；革命即使不致於完全瓦解，也必然遭到了致命的打擊。相反地，如果反動分子掌握了領導權，他們更會直截了當地化革命為反革命，驅使革命的力量以恢復舊社會秩序。革命一旦變到反革命的境地，接著便必然是革命與反革命的浪潮相激相盪的長期對壘局面的到來。革命走到了這一步，那就不如不革命了；因為人民所受到革命暴力的摧殘已遠比來自舊政權的壓迫不知要可怕多少倍！石達開詩云：「我志未成民已苦，東南到處有啼痕！」真是革命的血淚教訓的結晶！我想許多具有清明理智的冷靜之士的反對革命都應該從這一角度上去求得瞭解。當美國獨立革命發生的時候，英國名政論家柏克曾以謳歌革命而名噪一時，可是在歷史上柏氏竟以反對法國革命而為後人所注目（柏氏著有 *Reflections On French Revolution* 一書），其中關鍵是值得我們尋味的。

前面說過，革命領導權究竟應該由誰來掌握的問題是無法獲得抽象的答案，我們必須把它和革命的性質聯繫起來才可以找到解答的線索。那麼，現在就讓我們從歷史上看看革命領導權的實際表現吧！

在西方近代史上，革命領導權首先發生了問題的是德國的宗教革命。儘管宗教革命的最初動機與最終結果都止於文化革命的範疇之內，但當此一革命來到現實世界的時候，它的意義實已擴大而涵攝了政治革命、社會革命的性質。從這一方面著眼，我們可以看到德國的宗教革命至少包括著三種要求：政治獨立、民族自主和經濟自由（請參看拙著《近代文明的新趨勢》的第三章）。就當時情形說，這一革命如果要有實質的成就，它的領導權便必須控制在中產階級和農民的手中，因為他們在此一革命運動中是比較最富於民主精神並最能為此革命服務的革命階層。可是事實上他們並未能把握住革命的領導權、確定革命的方向；結果讓諸侯和大地主們獨吞了革命的果實。一五二五年的農民革命也因此慘遭消滅，農民被屠殺者超過五萬人之眾。這是西方民主革命第一次由於領導權的掌握未得其所造成的失敗。這一革命的變質間接地影響到歐洲民主革命的進程，而德國自身之所以至今猶未走上民主的大道也不能不歸咎於這次革命領導權的旁落。

此外如法、俄革命由於領導權所招致的革命失敗，我在第二、三兩章中已約略地提到過。法國革命領導權一直是飄搖不定的，它既被過激分子操縱於前，復遭野心之士劫持於後。以彌拉波為首的溫和而穩健的民主派則始終未能及時控制住革命領導權。於是法國革命的錯誤便如波濤似的，一個浪頭推動一個浪頭歷久而不息。法國革命已百餘年之久，而國力始終不能恢復者，其故實即在此。二十世紀的俄國革命一開始也是走著民主的方向；一九一七年的「二月革命」便是由民主黨派聯合掌握革命領導權所獲得的勝利。但是俄國的專制基礎太深厚，而民主力量又太脆弱；終於革命的領導權落到極權主義的布爾什維克黨人之手，近代反革命就這樣奪取了它的最初的橋頭堡。當然，俄國革命的變質，原因不止一端；而革命領導權的旁落則也無疑是其中最重要的關鍵之一。

西方革命史上的例證是如此明顯，我們中國近百年來民主革命的領導權有沒有發生同樣的問題呢？我的答案不但是肯定的，而且我們由於革命領導權的旁落所受到的災害還比任何其他國家都要長遠而深重。太平天國革命的失敗是中國第一次革命領導的錯誤的結果；前面我們已經說過了。孫中山所領導的三民主義革命，從本源上看雖然是屬於民主革命的範疇之內，但令人惋惜不置的是孫中山自己也未能掌握革命的領導權。最初他輕易地將領導權讓給了反革命的袁世凱（這雖說是由於客觀形勢所迫，但並不是主觀努力所無法挽回的事），造成了十餘年的軍閥割據。這還不算，第二次他犯了更嚴重的革命錯誤，他誤認蘇俄「十月革命」是更民主、更進一步的革命，以致自動地讓極權主義的思想與原則支配著他的黨。從民國十三年起，中國革命的領導權已逐漸落到極權主義者的掌握之中；終於一步步地演成今天這個局面。革命領導權的旁落所給予中國的災患實已兼有法、俄兩國革命之害，法國元氣大傷而民主方向未變，俄國雖成極權堡壘而國家精力未衰；這教訓對於我們難道還不夠大嗎？

歷史是過去了，然而這一在中外革命史上發生過無數次的問題今天仍然擺在我們的面前。我們能否完成我們的歷史任務——建立起民主自由的新中國，撇開其他的因素不說，最重要的仍在於我們能否掌握住革命的領導權。因此我特別在這裡將目前反共聯合陣線的領導權及其性質的問題提出來加以商榷，藉以結束我們對這一問題的討論。

如所周知，中國反共聯合陣線乃是中國民主革命的一個階段，因之，它必須有一個領導權。那麼這一領導權的性質究竟如何呢？這得從中國反共的一般性質說起。中國反共聯合陣線雖是世界反共的民主自由勢力的一環，但卻有其獨特之點。西方民主國家早已經過了民主革命的階段，它們的社會也已基本上民主化了；因此它們的積極任務便是打倒共產主義，消極方面，則是保持並改進現存的社會制度。質言之，即祇有打倒了共產主義才能進而保持改進民主自由的社會。中國則不同，至少目前中國人民並不是生存在民主自由的空氣之中，所以我們最迫切的任務便是要建立民主自由的新社會，而反共卻祇能是其中的第一個重要步驟。這就是說，我們是為建立民主自由的新中國而反共，不祇是為反共而反共。瞭解了這一點就可以知道中國反共聯合陣線中的各黨派不僅在反共這一點應該一致，更重要的是要在建立民主自由的新中國這一點上獲得一致，至少也當有原則上的一致性。但事實告訴我們，正如歷史上每一次革命一樣，反共聯合陣線中的分子也是極其複雜的。其中有為一己權勢而反共的大小獨夫，有為維護階級特權而反共的官僚豪門，當然也還有許多為偉大目標而反共的民主鬥士。雖然為了加強反共力量，我們必須團結每一個反共分子（無論他〔她〕為什麼而反共），然而為了那更高的偉大理想的實現，我們必須保持反共聯合陣線的純正性。中國民主革命史上的慘痛經驗，歷歷在目，我們絕不容許重蹈覆轍，讓這一次革命再中途變質。反共聯合陣線的性質既明，它的領導權的任務當然也就很清楚地顯露出來了！這一聯合陣線中既包含了各種利益不同、政治主張互異的黨派，當然每一個黨派除了要消滅中共這一共同敵人外，還希望聯合陣線能實現其特殊願望，因而，誰取得了領導權，誰就必然會使聯合陣線向著它自己所希望的方向前進：獨夫們取得了它就會恢復其個人權勢；官僚豪門取得了它就會恢復其壓搾人民的統治；但如果真正的民主鬥士們掌握了它，那麼民主自由的新中國也就一定能夠實現了。

「前事不忘，後事之師」，不僅德、法、俄各國民主革命的錯誤經驗可以供給我們今天民主革命運動的參考，就是我們自己這數十年來由於革命領導權的旁落所造成的無窮災害也足夠我們受用的了。革命領導權並不是一般人爭權奪利的

「權」，它祇是一個指導革命方向的指南針而已。毫無疑問的，我們真正從事民主革命的人們是必須牢牢地把握住這一領導權的，因為這不但是我們的權利，而且是我們的義務。

第十二章

論革命勢力的成長

前面十一章所討論的都是關於革命的客觀方面的種種問題。但革命並不是一件純客觀的事體，其間人的活動永遠占著極重要的主動地位；這革命的主觀因素也是我們所不能不加以探究的。

這裡所謂革命的主觀因素，並不是指著一小群積極的革命分子而言的，更不是少數革命領袖的代名詞，而是在新舊社會交替之際日益增長著的革命勢力之整體。

革命的勢力是發展的；它最初祇表現在少數先知先覺的思想家的精神革命的領導之中，但卻隨著時間的進程而逐漸成長，最後終於在質與量兩方面都超過舊勢力，形成新社會的主宰力量！

當一個社會面臨著革命的時候，它的內在統一性與諧和性早已不存在了。這一社會中的人群分裂為兩大敵峙的壁壘；統治者與被統治者之間的關係從消極的對立轉為積極的鬥爭。在一般人的觀念中，革命時期的社會階層大致是分成三部分的：反革命或保守的上層階級、革命的或激進的下層階級，和徘徊兩者之間的中間階層（middle strata）。這種機械的階級劃分其實並不十分妥當，歷史告訴我們，領導革命、發動革命的並不必然是下層階級，而常常屬於那知識程度較高、眼光較遠的中間階層。而且，上層階級也不一定都是反對革命的，歷史上同樣有很多開明的上層階級人士參加革命行列的事實。至於說下層階級全是積極的革命者，在我個人也不能不保持相當限度內的懷疑；因為至少就中國近百年來的革命，多數下層社會階級的人們是保守的，拖住革命的車輪的。

我承認，利益的分歧常常是決定人們對革命的態度的重要因素；這其間，經濟的利益尤為顯著。但是，已經發展了高度文明的人類的行為卻並不必然得處處為現實利害的動機所驅使。相反地，人類確具有一種超現實的追求理想的精神。而革命在這種意義上也正是此一精神的具體表現。我不贊成革命完全是起於利害衝突的說法；任何一次革命都必然涵攝了理想的成分。因之，儘管革命陣營中有不少為個人的或集團的私利打算的分子；可是我們絕不能否認其中還有許多革命的理想主義者，他們著眼於社會利益的全面協調，並真誠地為理想社會的實現而奮鬥。牟塞爾說，革命的勢力本身從來不是一個諧和的整體。一點不錯，正如社會永遠不可能是完全協調的一樣，革命群眾之間也同樣存在著種種分歧。但這種分歧在革命的敵人依然強大地存在著的時候，並不會十分顯露以致妨害了革命勢力的成長。革命勢力成長的速度和方式最初是被該社會的性質以及統治者的性格所決定的。關於社會性質對於革命的影響，我在第九章中已有所討論，這裡不再重複。現在讓我們看看統治者的性格和革命勢力的成長之間的關聯。統治者的性格大致可以分為兩種：一是對革命採取極端嚴厲的鎮壓、摧殘；一是盡量改變自己使之適應新的社會處境，以緩和革命的風暴。法、俄等國的統治者是前者的代表，英國的統治者則是後者的典型。但這種差異也並不是絕對的，在革命到來之前，任何殘暴的統治都不免在形式要有所改變；如法國革命之前有階級會議的召開；俄國在革命前沙皇政府也有許多表面上民主化的措施，如解放農奴、改革司法與行政制度、各地設立代表議會Zemstvo，以及最後召集杜馬（Duma）立法會議、頒布選舉法等等；又如中國辛亥革命之前的滿清政權亦同樣有種種外在的改變。凡此類的改變都具有一個共同的原則，那就是統治者的利益不能受到絲毫實質的損害。因之，這種改變分析到最後實在毫無意義可言。不過這並不是說一切統治者的自我改革都是虛偽的、欺騙的；上面已經說過，英國的統治者便具有犧牲一部分利益以遷就社會變遷，而免於被革命浪潮全部沖垮的特質。費孝通從他的社會學觀點的特殊研究中曾發現了一項頗有意義的原則，他說：「從整個社會看，一個領導的階層如果能追得上社會變遷的速率，這社會也可以避免因社會變遷而發生的混亂。英國是一個很好的例子。很多人羨慕英國能不流血而實行種種富於基本性的改革，但很多人忽略了他們所以能這樣的條件。英國在過去幾個世紀中，以整個世界的文化來說是處於領導地位，他是工業革命的老家。英國社會中的領導階層卻又是最能適應環境變動的，環境變動的速率和領導階層適應變動的速率配得上才不致發生流血革命。」（《鄉土中國》，頁八七）

這樣我們可以看到，無論統治者的性格如何都無法改變一種絕對的事實，那就是革命勢力的成長是不可遏止的。統治者如不肯放棄一部分利益，一味對革命勢力採取高壓政策，則激烈的流血革命顯然無從避免；反之，倘若統治者願意和革命勢力妥協，犧牲若干特權而換取生存的延續，那麼革命也就自然得讓位給進化了。所以歸根到底，統治者的性格所能影響於革命勢力的祇是它的發展的形態或方式，而不是它本身的存亡。在這裡，我們更進一步地找到了兩條革命路線（革命與進化）殊異的內在關係：這二者是相對性的，我們不能過分強調了它們之間的差異。

在革命勢力之中，存在著相當複雜的階級關係；根據我們多元的階級劃分，這裡所謂的階級也並不純是經濟性的（請參看第七章）。不過無論階級的性質怎樣，愈上層階級的人士便愈少革命的熱忱的事實是永遠不會改變的。而上層階級人士參加革命的行列，不管他們的主觀動機如何，在客觀上常常不免對革命起分化的作用。同理，革命勢力的本身如果分裂了，則上層階級分子也就很容易加入溫和的革命派。革命的勢力一旦分化成兩個以上的獨立派別，就以往歷史上看，則必然會演成反動勢力與激進分子之間的劇烈鬥爭；在這種情勢下，穩健的革命派（通常是最瞭解革命的性質並最能為革命服務的）的力量一定被削弱。誠如牟塞爾所說，這種由革命的強化而形成的激烈的左與右的鬥爭，其結果絕無法建立起民主自由的政權，而祇能造成或左或右的專政！因之，一個真正合理而可以順利發展的革命勢力，其間中間階層必須具有決定性的力量。但必須說明，這裡所謂「中間階層」絕不是一般社會之上的中產階級或資產階級，而是革命勢力之中的一種穩健、理智，而又超越階級利害的中和力量，也就是剛剛說過的穩健的革命派。祇有這樣一種力量才能防止上層革命階層的可能的反動或下層革命分子的可能的過激。那麼革命的穩健派又如何始可以擔當得起這一艱鉅的革命任務呢？這就牽涉到前一章所討論的革命領導權的掌握上去了。

但革命勢力的內在矛盾是極其錯綜複雜的，並不僅階級關係為然。另一重要的問題便是領袖與群眾之間的關係。關於領袖與群眾之間的關係，歷來論者大致可以分為兩大派：一派認為社會係由少數領袖所領導，大多數群眾祇是跟在後面走的；另一派則堅持領袖是從群眾中產生，並為多數群眾的要求所推動著前進的說法。從事實上看，當然是後一派的見解較為正確；但這種一般的領袖與群眾觀運用到革命的場合中時卻不能不有所修改。一般地說，領袖與群眾的關係愈在靜止的社會裡，其間距離便愈大；而愈在變動的時代裡，距離便愈小。因之，我們便得從這一角度來理解革命的領袖與群眾之間的特殊涵義。首先，在革命中領袖確是從群眾中崛起的；但由於革命是一種最富積極性、變動最劇烈的事體，所以革命的領袖與群眾便隨時隨地都是合一的、不可分離的。革命的領袖如果離開了群眾，那就是說當領袖的行為已不符合，甚至違反革命群眾的要求與利益時，整個革命勢力則必然會因而被導向歧途，終至造成反動勢力復辟或激進分子（包括野心家）得勢的局面。因此可見革命的領袖與群眾的關係失去協調也同樣會嚴重地損害到整個革命勢力的成長。誠然，就對革命的影響說，在表面上領袖的作用顯然要比一般群眾大得多；然而我們試做進一層的觀察，則任何革命領袖對革命的任何貢獻，同時都必然是群眾力量的表現，不過通過領袖而已。這其間，依然存在著不可分割的關係。此所以法國名史家奧拉在論法國革命時要強調「革命的真正英雄乃是人民」也。而且事實上少數領袖所能完成的最多也不過是政治革命中的若干方面罷了；如果我們從社會的全面重建的觀點上看革命，則革命的全面完成更非人民群眾莫屬了。奧拉又認為法國革命的成就之所以不曾止於一七八九年的政治變遷乃是仰賴於人民群眾的力量，真是一點也不錯。從量上說，革命勢力的成長其實也就是革命群眾的增多。歷史上從來不曾有過一個沒有群眾的革命勢力。任何革命勢力中雖都存在著革命領袖，但領袖卻是革命勢力的成長過程中的必然產物。革命群眾可以隨時選擇他們的領袖，而革命領袖則無從選擇他們的群眾。這便是我們對於革命勢力中，領袖與群眾的關係的根本交代。

革命勢力的成長究竟要經過怎樣一種歷程呢？這裡我們似乎應該描繪一個大概。我們知道，任何新的力量最初都是從舊的社會中成長起來的。革命勢力當然也是一樣。革命勢力在舊的社會體制中的胚胎、發芽以至成熟的過程，總是緩慢而無形的。除了極少數人外，絕大多數人對它的成長都是毫無知覺的，甚至革命勢力中的分子本身也無從意識到他們自己的特殊的社會作用。我在《近代文明的新趨勢》中曾說過：「文藝復興的學者絕不瞭解他們在開始著一個新的時代，十七、十八世紀的機器發明家更無從預知他們在歷史上所占據的地位。」也正是這個意思。在這個階段中，革命勢力表現在少數先知先覺者的身上乃是新思想的倡導，表現在大多數後知後覺者的身上則是厭棄舊世界、嚮往新社會的意識的孕育。但革命勢力是不斷發展的，它不能長期停留在這種不被世人所察覺的階段。如果到了相當時期它仍然不能卓然有以自立，那麼這一革命勢力就難免要胎死腹中的。這樣，革命勢力的成長便得踏入第二個階段，那就是它之所以成為革命的勢力的特質必須獲得人們（無論是反對者或擁護者）的承認。因為革命勢力雖不能完全被壓制住，但卻可能部分地被舊社會所腐蝕，而使革命勢力的成長受到殘酷的打擊。革命勢力的基本性格是剛毅進取的；儘管它不能整個地捨棄掉歷史文化的包袱，而且在某種意義上還擔負著繼往開來的重任，然而它卻絕不能和腐舊的勢力——歷史文化發展過程中所淘汰下來的渣滓——覓取任何程度的妥協。那也就是說，它不能永遠隱藏其舊社會的叛徒的本質，而必須勇敢地豎起重建新社會的旗幟！法國革命的重要領袖之一西耶士（Sieyès）在當時曾說過一句名言，他說：「第三階級現在還毫無足重，但卻應該是一切。」（The third estate is nothing, but should be everything.）這句話也正是一切革命勢力的寫照，固不僅第三階級為然。革命勢力成長到了這一階段，它的分子便得具備著革命的自覺了：他必須意識到自己是與一般舊社會人士不同的革命者，不能再讓舊社會的氣氛淹沒了他的革命精神。革命勢力發展到這一境地，接著就要進入費拉利所說的「革命者」或「行動之人」的階段了。革命勢力在舊社會中的成長至此才算完全成熟。誠如馬克思所說的，「理論一旦掌握了群眾便成為物質的力量」。革命勢力從思想階段進入行動正是化精神革命為物質革命。怎樣完成這一轉化呢？那就非借重組織的力量不行了。在思想階段的革命勢力，雖然從全面著眼是一革命整體，並為一共同的革命精神所籠罩；但分別觀之，這些千千萬萬的革命分子之間卻還沒有有形的聯繫；他們仍然是分散的、孤立的、不能採取一致的革命步伐。因之，如果革命勢力要完成它的革命使命，它便不能不讓自己配搭到組織的網絡中去，以形成一堅強的戰鬥體。關於革命的組織，乃是一種技術性的問題，我無意詳加討論。這裡可以說的是組織所須根據的原則。首先，革命的組織必須嚴格地依據一般的民主原則。自從近代極權主義政黨興起之後，社會上流行著一種極端錯誤而有害的觀念，那就是認為革命的或非常時期的組織，為了提高效率起見，應該愈專制愈好。（此問題早在法國大革命時即已發生，是雅各賓黨與吉朗底黨的根本分歧所在。）這一說法之缺乏理論根據，歷來民主思想家已多有駁斥，我在此無法詳及。其中根本一點我們必須瞭解的，乃是革命組織與一般社會組織之間的差異祇應是程度上的，不能是性質上的。一個專制的革命組織到了革命成功之後可以自動放棄其權力，而走上民主之路，實是一件不可想像的事。法、俄革命以來的無數史實已足夠助證這一看法；我們中國近代的革命則更可以為這一真理作註腳。所以革命，特別是民主革命，其組織的性質必不能違反民主的原則。復次，我們所謂的革命並不祇是政治革命，因之革命的組織也就不可能是一元的，而必得是多元的。具體一點說，革命的組織並不限於我們所通常瞭解的政黨，他如教會、學校、工商業團體，以至中國的秘密會社……等等都同樣可以成為革命組織的一部分。最有趣的如十八世紀，法國革命前的巴黎沙龍（salon）就曾經成為革命組織的一種形式。當時的開明貴族、無神論的僧侶，以及中產階級智識分子都經常聚集其間；於是這一原來是貴族社交的場所，在革命將要到來之前，竟一變而成為重要的革命組織之一了。最後還有一點要指出的，革命組織並不必都是新興的；如前所述，現存社會中的許多組織都可為革命者所用。一般人對革命多少有著一種誤解，以為革命必須掃盡舊有的一切，事事都從頭來起。其實革命的消極意義乃是清除在長期歷史過程中所積累起來的阻礙著人類文明發展的種種腐爛的毒素，而絕非推翻全部文化的傳統。在這一點上，革命可以說正是要挽救文化的危機，並為文化的更進一步地發展舖平道路。此所以我在前面要說革命勢力是負有繼往與開來的雙重任務的。根據這種瞭解，舊社會中的許多社團經過革命化之後而成為革命組織的一部分，不僅在事實上為可能，而且在理論上也是必要的！

上面我們從歷史的觀察中對於革命勢力成長的過程做了一番概括的描繪。但這並不是說，革命勢力的成長必然是如此地順利而無阻；反之革命勢力的成長常常是採取著相當曲折的方式。主觀與客觀的種種困難在在都可以成為革命勢力成長的阻礙。邵可侶給我們指出：「在這兩個營寨中（按：即革命與反革命）初看力量似乎很不平均；人們總對自己說，保守者特別強大，非革命者所能抵敵……新社會的發動者有什麼可以對抗這一切有組織的力量呢？似乎一點也沒有。既無金錢，又無軍隊，如果他們不代表思想與風俗的進化，他們是必敗無疑的。是的，他們一無所有，可是人類創制的運動卻站在他們這一邊。全部過去以很大的重量壓在他們的身上，可是事變的邏輯卻擁護他們，推促他們向前，即有法律與警察擋住他們也是枉然的。」邵氏對革命勢力的成長雖很樂觀，可是他並不否認革命勢力可能遭遇到的困難與阻礙。費拉利氏則武斷地斷定革命必得經過反革命反動的；我們雖不必承認他的論斷，但卻不能不接受他的警告。因之，在結束本文之前我特別要介紹貝恩斯氏的一段關於革命發展的極精闢的觀察，一以檢討我們的過去，一以策勵我們的將來：「人類為此種更高度的文明與文化及為此種人類個性更高度的自由與發展而從事的鬥爭，不是循和平的進化由直線前進，乃是循著社會的波浪（social wave）向前，這是一種社會的事實。吾人有一種自由的時代，該項自由，在革命的熱忱的初期，走得太高；又由於被解放的群眾與領袖之無經驗及錯誤，該項自由遂造成錯誤與失敗。而且跟著是一種反動——有時是一種強暴的反動。經過一個衰微的時期，跟著又是一個自由的新波浪。這一次所被解放的人民較有準備，較為成熟；他們從過去的錯誤與失敗中確領會了而且必須領會教訓，因而在這一個新時代他們能實現一種較高度的文明與文化，自由與人類個性的尊重。所以一個新的波浪，一個較高的人類文化的進化的波浪得以出現。」（*Democracy Today and Tomorrow* 中譯本，頁一七二－三）。貝氏這一番話恰恰是中國近代民主革命的最確切的評語；而我們今天也正是處在「一個新的波浪，一個較高的人類文化的進化的波浪得以出現」的前夕。我們應該怎樣迎接這一新的民主革命的波浪的到來呢？這卻是要讀者們自己去尋求答案的了！

附錄一

西方歷代思想家的革命觀

作者為了撰述本書，曾就力之所及收集了一部分西方學者、哲學家對於革命的種種意見，其中與本書觀點近似或關係較切者，作者已分別採用於書中各處；其尚有若干意見與本書相左或嫌重複者則未加以引用。全書既成，復思此許多意見亦頗足代表革命在西方文明中的意義之一斑，如盡棄之未免可惜。遂決意將此各家意見做一客觀而綜合之介紹，附錄於全書之後以與本書相對照印證，並以為後之研究革命問題者之一種參考線索，當不無價值與意義也。唯此時此地，西方哲人之原著所能獲閱者實在太少，故其中除一兩處係直接取材原著外，餘多間接轉引自後人之著述；此實無可如何之事，非作者有意取巧。以後倘能獲得更豐富、更原始之資料，當再設法補入。讀者但鑒其心之所欲赴而諒其力之所未逮可也！

西方哲人對於革命的看法大體應分為兩類：反對革命與贊成革命；這兩派均有其理論的根據，我們分別介紹於下：

希臘哲人亞里士多德對於革命的討論，前面已經說過，不必再贅，這裡我們首先要介紹的是羅馬人的革命觀。羅馬人革命觀的形成導源於他們的國家法律思想。他們認為法律含有契約的意義，國家則是合法權利的終極的泉源，而政府也是人民與執政者之間的一種契約。因之，執政者便代表了人民的全部權威；他們在合法的責任中的權力也是完全的。人民既經選擇了執政者，便無權收回他們所賦予執政者的權力。基於這種理論，羅馬人遂不承認人民有革命的權利。

這種反革命的思想並不僅羅馬人為然，而幾乎是代有傳人的。中古封建時代的階級分化也在下不能犯上的意識支配下否定了革命的意義。更令人奇怪的，近代革命運動的創始人之一馬丁路德最後也同樣對革命抱著憎恨的態度。馬氏的初期思想可以說是革命的，但因鑒於農民革命的恐怖竟一改初衷，而反對革命。他雖同情農民的悲慘遭遇，然而對武力反抗政府權威之事卻毫無信仰，並且他更不願意他的理論成為革命者的憑藉。

近代國際法的創始人克羅修斯（Hugo Grotius, 1583-1645）在根本觀念上也是反對革命的，不過他承認人民有選擇政體的權利。

霍布斯是著名的政治理論家，但他對革命問題也陷入混亂的境地。他一方面反對專制政府，另一方面卻又不贊成革命。他認為君主的職責是保衛人民的權利，而人民對於他的義務也祇有當他的能夠盡職時才存在；因之，如果人民對他革命，那麼他就不能保持和平並履行契約了。不過霍布斯之所以反對革命，主觀上乃是為人民利益著想的，因為革命使人們回到一種可怕的自然狀態，在此狀態中，人生是卑劣、野蠻而短促的。所以我們應該不惜一切代價以避免革命。

十八世紀的法國啟蒙哲學家伏爾泰也是如此，他承認一切人都應享有自由、財產、與法律保障等平等的自然權利，但他並無意喚醒人民起來革命，他所希望的祇是統治者的自我改革。

十八世紀末葉的英國塔克爾（Josiah Tucker, 1712-1799），由於受了美國革命的影響，也反對革命。他認為革命將導社會於暴力與混亂狀態。但他卻主張英國放棄殖民地。

十八世紀末、十九世紀初德國的政治思想家洪博特（Wilhelm Von Humboldt）在其《政府的範圍與責任》（*Sphere and Duties of Government*）中，一方面贊揚個人主義並強調個人的價值，另一方面卻不相信民主或革命的權利。他的思想祇代表了智識分子與貴族階層對於當時的專制而不負責的官僚政治的一種反應。

此外在十九世紀，若干烏托邦社會主義者如歐文、聖西門、傅利葉等也是反對革命或階級鬥爭的。他們的基本依據則是人道主義，這又是異於其他反對革命的地方了！

以上這一系列的意見大體上代表了西方學者的各種反對革命的觀點，下面讓我們再看看若干贊成革命的觀點。

十六世紀的霍特曼（Francois Hotman, 1524-1590）認為統治者與人民是靠著一種契約束縛在一起的，因之，無論何時，如果有統治者的專制侵犯了此一協定，那麼人民便有權利起而革命了。

在此期間還有一部討論革命的重要著作，那便是 *Vindiciae contra Tyrannos*，該書署名為 Stephanus Junius Brutus，其作者殊不易確定，有人謂為 Hubert Languet（1518-1581），近人則多以為出自 Philippe du Plessis-Mornay（1549-1623）之手。此書之作實在為法國新教徒胡根諾（Huguenots）的反抗法王尋取理論根據。全書分別解答四大問題，前三項都是關於革命的：一、如統治者的行為不符合上帝的法則，人民便毋須服從他；二、當統治者違犯了上帝的法則時，人民應不應該反抗呢？答案是肯定的。不過這種反抗不得出之於個人，而應由人民代表會議或行政官吏承擔之；三、如果統治者壓迫或破壞了國家，人民又該不該反抗呢？該書作者則認為專橫的統治者實已打破了他們維持公道的協定，故人民得以廢黜之。該書最後一點頗值得玩味，它強調統治者對於因宗教或專制原因而遭受壓迫的鄰國人民應加以援助。

德人阿爾素修斯（Johannes Althusius, 1557-1638）在其《系統政治學》（*Systematic Politics, Confirmed by Examples from Sacred and Profane History*）中認為統治者的權威係來自人民同意；因之，如果統治者運用不公正或專橫的權力，那麼人民便沒有服從他的義務了，而他們反抗這種專橫的統治者也完全是正當的。個人可以消極地反抗，人民代表會議則可以廢黜暴君，或置暴君於死地。

洛克（John Locke, 1632-1704）在其 *An Essay Concerning the True Original, Extent and End of Civil Govenment* 的最後一節裡，專門討論政府的解體（dissolution of government）的問題。他舉出了政體解體的若干可能的途徑，最後則以冗長的篇幅反覆辯證革命的意義。他認為人們之所以進入社會乃是為了保衛財產的緣故，所以祇要統治者（洛克稱為立法者）奪取或破壞了人民的財產，或使人民降為奴隸，他便不能再獲得人民的服從，而是處在和人民鬥爭的狀態中了。在這種情形下，人民的一切限制都取消了，而人人也都有了保衛自身反抗侵略的權利。這便是革命的本質。不過洛氏對統治者與人民是一體看待，他認為統治者與人民彼此都不得以武力侵犯對方的權利，並不僅某一方面為然。最後他從對巴克雷（Barclay）的兩段文字的討論中，指出革命的絕對合理性；即使依巴氏「下不能犯上」的原則，但當國王使國家趨於毀滅或賣國時，國王便已不復是國王，而與常人無異了。國王一旦變成了常人，他就不再是「上」，而同樣是可以反抗的。這與孟子所謂「聞誅一夫紂矣，未聞弒君也」的觀念完全一致。

蒲萊士（Richard Price, 1723-1791）由於受了美國革命的刺激，在其

Observation on the Nature of Civil Liberty 中，認為自由係賴直接的人民自治，人類是生而自由與平等的，並有權利反抗任何剝奪他們的自由或財產的企圖。

同時美國革命的領袖們如 James Otis、John Dickinson、Samuel Adams、James Wilson……等則相信統治者是人民的代理人，他們的一切行為都須向人民負責。如果他們濫用權力或侵犯人的自然權利，他們就得被撤換。革命對於愛好自由的人民不僅是一種權利，而且還是一種義務。

在美國革命領袖中，傑弗遜（Thomas Jefferson）對革命尤有特殊的瞭解，他倡導一種不斷革命論，認為「自由之樹必須時時由暴君與愛國者的鮮血予以刷新」。因之，革命便成了國家健康所必需的藥劑。

功利主義大師邊沁（Jeremy Bentham），從其功利的觀點出發，則謂人民反抗最高權力的權利祇能是一種道德的權利；但如果從革命獲得的利益大於革命本身的罪惡，則革命又成了一種道德的責任了。

作者年來所收集到的西方思想家的革命觀，除書中已採用者外，大抵便止於此。（按：這裡所發表的都是一些主要觀念，其他關於革命的枝節問題的討論悉未輯入。）從這許多觀點中我們可以看出，西方大多數思想家對革命的瞭解都未免流於片斷——僅從政治角度來理解革命，這種普遍的誤解也未嘗不是造成錯誤革命的一部分原因。但儘管如此，此諸家的革命觀，無論是贊成的還是反對的，均有其發人深省之處；在今天，我們不能僅知道了這些革命觀便算了，也不能滿足於對他人意見的一種膚淺的批評——同意或不同意，更重要地，我們得就我們之所同或異於他人的看法之處，做深一層的思考！

附錄二

開場白——革命問題討論（一）[1]

前些日子，我和幾位青年朋友們組織了一個「革命問題討論會」，我們討論的內容，是關於一般的革命原則，有時也特別照顧到當前的中國革命問題，經過幾十

1 編按：本文原刊於《人生》四卷三期（一九五二年十二月），署名艾群。

次反覆辯論，我們大體上已獲了一個共同的結論——對革命的一種共同的看法。

日前我偶然和《人生》主編王道先生談起這件事，王先生對此頗感興趣，並鼓勵我把這些討論的記錄發表出來。我感到這種討論或亦不無助於青年朋友們對問題的思考，所以特將討論的記錄整理一番，取其中最扼要的部分，分成若干題目，寫成一篇篇的短文，其中每一篇文字都有它的獨立性與完整性，但也是全部問題的一個環節。在文字體裁上，為了不失本來面目，依然保持著討論的形式，這或許能使讀者們更感到有趣一些呢！

在未進入本題以前，我想先說說我們何以要討論革命的問題。

在我們這個變亂頻仍的時代，特別是這個時代的中國，「革命」一詞對於我們真是太熟悉了。差不多從一百多年前的太平天國革命開始，我們中國人便一直在革命的漩渦中翻來覆去。幾千年的古老文明，在革命的浪潮再衝擊下，不僅未能開創新的生命，反而一點殘喘也似乎無法苟延下去了。激進的人們覺得這還受得不夠，還要繼續革命下去，保守的人們卻視此為變的惡果，因而堅決反對革命。但是無論是擁護者也好，反對者也好，真正弄清楚了「革命」一詞的「廬山真面目」的人卻少之又少。

正是因為絕大多數人都不曾真的瞭解革命，而革命又這樣密切地和我們的日常生活相關聯著，也許，依據我個人的看法，這便是中國悲劇之一再上演的最根本的原因哩！這種嚴重的事實迫使著我們不能不對於革命的問題做一番審慎而理智的研討。我和幾位青年朋友們，由於深切地瞭解了這一點，所以才有了革命問題討論會的成立。

別的不說，就是近三十年來的中國「共產主義革命」，已足夠我們困惑的了，流了無盡的鮮血，犧牲了無數的生命的「革命」，結果所給予中國人民的不是和平、幸福、繁榮，反而是戰爭、屠殺和更貧窮。如果大多數中國人，尤其是熱忱的青年們，早就認識了此一革命的本質，這一次史無前例的浩劫，顯然是不會降臨中國的！太平天國是中國近代變革的開始，這一變革中間經過了一連串迂迴曲折的道路，至今猶未終結它的途程。今後的中國還會不會變呢？又將怎樣變呢？這當然是我們所最關切的事。對於這些問題，我們不僅應該去求徹底的瞭解，更重要的是我們如何去掌握它們。在過去，我們只是跟著少數「革命家」的後面走，至於革命列車開向何處，它的軌道又是否正確，我們是向不過問的。所謂「盲人騎瞎馬，夜半臨深池」的荒唐行徑，大概也無過於此了。今後我們還是讓人家牽著鼻子走嗎？還是睜開眼睛走自己的路呢？答案顯然是屬於後者。

但是，世間的路不祇一條；個人的人生都要「獨上高樓，望盡天涯路」，而絲毫含糊不得，何況是革命，是整個歷史的社會的道路呢！革命不是中國所獨有的，外國更多。中國所曾經發生過的革命，在西方的歷史上都可找到先例，而西方有些給社會帶來了進步和幸福的革命，我們至今還不曾摸到蹤跡。「他山之石，可以攻玉」，我們如不把一切可能的革命之路都「望盡」了，也依然是沒有勇氣開步的。這又是我們所以要討論革命的問題的另一重要緣由。

革命是最能激起青年人的熱情的事，愈是熱情太多，便愈有盲目衝動的危險；因此也就愈急需理性的指導。在這裡我們的討論如老吏斷獄，是絕不摻雜絲毫情感與偏見的。我們認為，只有在一種清明的理性的指導下，革命才真正能造福人群，而不致成為少數野心家逞一己之私慾的踏腳石。

我們對革命問題的討論，大致可以分成兩部分：第一部是革命的範疇，即革命究竟只是一件政治的變革呢？抑或其地方面，經濟、文化、社會也都屬於革命的範疇之內呢？第二部是關於革命的道路，目的確定了，我們將用什麼方法來達到目的呢？是流血革命嗎，是溫和改良嗎？決定革命道路的歷史條件又是些什麼，這也是我們所要討論的。

關於革命的問題，我個人最近曾寫過一本書——《民主革命論》。（大部分都在《自由陣線》發表過，不久輯成專書。）該書稍具研究性質，引徵史實與各家理論之處較多，討論中所未能發揮詳盡的地方，在該書中大致都可以找到更充分的闡釋，青年朋友們如果對革命的問題有著較濃厚的興趣，也不妨作為一種參考。

以上所說，都沒有提及革命的本題，只能算是一個「開場白」，以後我將繼續以討論方式的文字，把我們所思考過的革命問題，分別在這裡發表出來；同時，我還誠懇地希望青年朋友們能不吝地給我批評和指導，或撰文同我討論。

附錄三

談政治革命[1]

A：我們今天開始討論革命的範疇，就是說，革命到底是什麼性質的東西。

1 編按：本文為接續〈開場白——革命問題討論（一）〉而作，原刊於《人生》四卷七期（一九五三年二月），署名艾群。

B：革命不就是革命嗎？又有什麼性質的問題呢？

A：不然，我們通常所瞭解的革命實際上祇是政治上的流血鬥爭，譬如我們在歷史課本所讀到的革命如法國大革命、辛亥革命等等，都是偏於這一方面的，所以我們今天要從這個觀點上談一談。

G：共產黨的理論是以經濟的變革為社會變革的根本，其餘如政治、文化等等都是上層「建築」，是隨著經濟的改變而改變的，那麼共產黨人是不是祇重經濟革命而不重政治革命的呢？

D：這話不能一概而論，在理論上他們確是如此。可是他們很矛盾，馬克思、列寧、史大林諸人在著作中往往表示革命是「政權」或「國家機器」的問題，列寧便說過：「一切革命的最主要問題就是國家政權的問題。」

E：這樣看來，幾乎所有的革命理論都環繞著政治，以政治為中心的了？

A：一點不錯。

B：把革命解釋為政治革命也並不見得不對呀？我們歷來的看法是這樣的。

D：我不同意這種看法。理由很簡單，西方人對 Revolution（革命）這個字用法比我們廣泛多了；如他們所謂商業革命、工業革命，便說明了革命不是一件單純的政治事體。

A：不僅如此，我還得補充一點。中國古代對革命一詞的解釋也是超過於政治意義之上的。「革命」一詞最初見諸《易經》上的「湯武革命」，革命是「極其損益」，「相變甚者」，所以就中國原始的說法而言，革命也不是政治的範疇所能盡的。

B：我們今天所需要的革命是民主革命，也就是說革命是為了要實現民主。這種革命是不是也一定擴展到政治以外的社會其他各方面去呢？

D：也得這樣。過去一般人以為民主革命也是一種政治革命的原因，乃是說民主的意義祇限於民主政治的狹隘內涵。現在西方許多民主理論家早已把民主當作一種社會精神、生活方式來認識了。所以在理論上，將民主政治的革命擴展為全面的社會革命是絲毫不牽強的。

G：我想我們似乎應該從歷史事實考察一下政治革命與民主革命的一般關係。

E：我是一向學歷史的人，據我的瞭解，在近代民主革命的過程中，無論是英國或法國，政治革命都祇是一種自然的結果。它本身無法與文化、經濟各方面的變動脫離關係，而且政治革命的終結也不是整個革命的完成。文藝復興、宗教革命是文化思想的民主革命；這些革命有的先於民主政治的崛起，有的與民主政治同時並進，它們之間的互相影響是非常明顯的。

C：對了，你這話倒提醒了我，因而使我從英、法兩國革命的歷史綜合出來一個原則。那就是說，民主革命的成就是與政治革命的力量成反比的，譬如英國的民主革命所依賴政治力量者最少，可是它的民主基礎已在社會的每一角落穩固地建立了起來，它的社會進步也極其順利。反之，法國革命主要便是一場政治上的亂砍亂殺的流血悲劇，而結果呢，法國社會的元氣大傷，它的民主程度固然比不上英國，它的社會發展也因此遭受了嚴重的阻礙。

A：很好，我們的討論已逐漸進入了問題的核心。過分注重與誇大政治革命的作用，確是一件最有害的事。我們中國這幾十年來的民主革命更給這一點提供了最充分的證明。辛亥革命以來，人們祇注重政體的改變，而不在實質上求得社會的進步與發展，所以才有今天這個局面。

D：我們否認政治革命是民主革命的唯一內涵，但是我們也不應該太貶抑了政治革命的價值。它依然是民主革命中很重要的一環。我們不妨稍為談談它的意義究竟何在。

B：政治革命的功用是在制度上和形式上促進整個社會的民主化。我們通常都知道，舊制度所構成的社會進步的障礙是一種非常具體的存在。不解決這一方面的問題，革命是永遠不會成功的。

A：政治革命的對象還不僅是政治體制，經濟與社會的制度也包括在內，因此，在這種意義上我們是承認政治革命的重要性的，但也祇止於這種意義。

D：時間不早了，我們這一次的討論應該就此結束。現在，我綜合了大家的意見，在這裡做一個簡單的結論：一、革命一詞的真義是社會的全面變革，不僅指政治革命這一方面而言；二、政治革命的本身與社會其他各方面的革命的互相關係是非常密切的，它不能孤獨地存在與發展；同時，它固然不必是整個民主革命的開始，而它的結束也未必便是革命的完成。三、社會是全面的，因此革命也應該是全面的，太過分重視政治革命，是會產生許多惡果的，我們對此尤當警惕。四、政治革命是民主革命中重要的一環，它可以改變社會上不民主的形式與制度。但是雖然它是不可缺少的，它卻不是最重要的！

後記

這本《民主革命論》的撰寫，從初稿發表到全書改成，整整費去我兩年的時間。在這兩年期間，我雖然曾寫了不少其他的文章，但真正牽繫著我的精神的還是這部稿子。所以，當我寫完本書的最後一個字時，我的確感到一種前所未有的輕鬆。真的，我實在是卸下了一副千鈞的重擔！

「革命」無疑是我們這個時代的最重要的特徵之一；而且從歷史上看，近數百年來的人類文化便完全籠罩在革命的氣氛之中。可是令人最感驚異的是，這樣一個重要的問題竟沒有獲得學者的全面探討。西方歷史家研究某一國的革命者有之，對若干革命加以比較研究者有之，研究革命的具體事實者有之，研究革命的某一方面者有之，從某一特殊角度（如社會學的）討論革命問題者亦有之，然而將革命及其所牽涉到的種種問題做一有系統的理論研究則至今仍付闕如。這便是我之所以選擇這一課題的根本原因。

當然，對於這樣一個未經開發的礦藏，僅憑我個人這一點微薄的能力，是不可能有什麼成就的。但是就是這樣，我已經相當感到心力交瘁了。當初稿連續在《自由陣線》週刊上發表時，我同時仍在不斷搜集中外學者關於革命問題的討論的一切材料；因此等到初稿完成後，我自己便已深感不滿。全書改寫的慾望不時在衝動著。今年四月間我的《近代文明的新趨勢》一書寫好了；我對近代史的縱的看法既大體確定，我這一系統的橫的論列便更需要有所交待，於是我決定先花一個月的時間整理歷年來所收到的資料，並繼續向一切可能利用到的公私圖書館借閱有關參考書；有些書不能借出而又為我所需要的，我祇能在圖書館裡隨看隨做筆記。這樣，大概在六月初我的準備工作差不多完成了，改寫工作遂於焉開始。在改寫過程中，新的資料續有發現，我也擇其要者分別補入。但是這些辛辛苦苦得來的資料，真正用得上也不過十之四五，大半都被淘汰掉了。直到十一月初全稿才告完成，五個月的光陰已倏然逝去！

對於已經發表過的初稿，我也同樣是當作筆記來利用的。其中衹有第二、七兩章大體上還保持著本來的面目；其餘有的全部刪了，有的保存十之一二，有的則已名同而實異。同時，在根本見解上我也有了不少重要的修正與改變。我想如果誰要把初稿與定稿對照著看，一定不易相信這是出自一個人的手筆！定稿寫成後，就我個人說，我已經對革命這一概念在理論上已有了一種「統之有宗，會之有元」的一貫瞭解。但我並不是說，我對於這個問題的本身已有了十全十美的交代。我已說過，這一方面的研究衹不過是一個開始。它正迫切地需要更多的人從事更深入的發掘！而我個人所唯一感到心安理得的，則是我確曾認真地考慮過這一問題，並在研究與寫作的過程中不敢有絲毫的苟且而已！

一九五三年十一月六日深夜記於香港

余英時文集14

民主革命論：社會重建新觀

2022年8月初版　　定價：新臺幣320元

著者	余英時
總策劃	林載爵
總編輯	涂豐恩
副總編輯	陳逸華
特約主編	官子程
叢書主編	沙淑芬
校對	蔡竣宇
內文排版	菩薩蠻
封面設計	莊謹銘

出版者	聯經出版事業股份有限公司
地址	新北市汐止區大同路一段369號1樓
叢書主編電話	(02)86925588轉5310
台北聯經書房	台北市新生南路三段94號
電話	(02)23620308
台中辦事處	(04)22312023
台中電子信箱	e-mail：linking2@ms42.hinet.net
郵政劃撥帳戶第0100559-3號	
郵撥電話	(02)23620308
印刷者	世和印製企業有限公司
總經銷	聯合發行股份有限公司
發行所	新北市新店區寶橋路235巷6弄6號2樓
電話	(02)29178022

總經理	陳芝宇
社長	羅國俊
發行人	林載爵

行政院新聞局出版事業登記證局版臺業字第0130號

本書如有缺頁，破損，倒裝請寄回台北聯經書房更換。　ISBN 978-957-08-6396-3 (平裝)
聯經網址：www.linkingbooks.com.tw
電子信箱：linking@udngroup.com

國家圖書館出版品預行編目資料

民主革命論：社會重建新觀/余英時著．初版．新北市．
聯經．2022年8月．236面．14.8×21公分（余英時文集14）
ISBN 978-957-08-6396-3（平裝）

1.CST：革命

571.71 111009402